**작가의 말**

　인류의 삶을 변화시킨 위대한 발명품인 스마트폰은 우리가 살아가는 데 없어서는 안 될 필요한 물건이 되었어요. 정보를 나누고 사람과 사람을 이어 주며 세계를 하나로 모아 더 넓은 세상을 만날 수 있게 하지요. 한편, 스마트폰이 만드는 세상이 진화할수록 부작용에 대한 우려도 커지고 있어요. 스마트폰을 지나치게 오래 사용하여 학습에 방해가 되기도 하고요. 자극적인 영상 때문에 몸과 정신에 좋지 않은 영향을 미친다고 경고하기도 하지요.

　그러나 우리가 사용하는 스마트폰 때문에 고통받고 아파하는 존재가 있다는 사실은 잘 모르고 있어요. 이 책에서는 그 이야기를 해 보려고 해요.

　우리 일상 깊숙이 들어와 있는 스마트폰은 어떤 과정을 거쳐 내 손 안에 들어왔을까요? 스마트폰의 일생을 추적해 보았어요. 자원 채굴부터 생산, 판매, 사용 후 폐기에 이르는 전 과정이 지구 환경에 엄청난 빚을 지고 있었어요.

　가볍고 날렵한 스마트폰 안에는 약 20종의 희귀 광물이 들어 있어요. 이 광물을 얻으려고 산과 바다를 파헤쳐서 그곳에서 살아가고 있는 동식물들이 멸종위기에 처했어요. 반도체 덕분에 기기들이 더 똑똑해졌지만 하천을 오염시켜 생태계가 파괴되기도 해요. 우리가 매일 손쉽게 스마트폰 화면을 스크롤하는 동안 디지털 탄소 발자국이 찍히고요. 새 제품으로 바꾸면서 버려지는 폐스마트폰은 전자 쓰레기가 되어 지구에 쌓이고 있지요.

디지털 세대인 어린 친구들은 상상이 현실에서 펼쳐지는 미래 세상을 살아가게 될 거예요. 지구가 아프다고 스마트폰을 사용하지 못하게 하거나 개발을 멈출 수는 없어요.

기술 개발과 환경 사이에서 지구를 위해 우리가 할 수 있는 일은 무엇일까요?

《스마트폰으로 만나는 환경》에서 답을 찾을 수 있어요.

이 책에 나오는 일곱 친구들은 오래된 스마트폰을 수리해 쓰거나 케이스를 자주 바꾸지 않고 사용해요. 그리고 꿀벌들이 사라지는 이유에 대해서도 알려 주고요. 폐스마트폰을 모아 자원순환센터로 보내고, 소비자의 수리할 권리를 배우면서 탄소를 줄이는 일에 참여하기도 해요.

우리가 살아갈 세상을 위한 작은 실천들이 내 손끝에서 시작된다면 지구의 눈물을 닦아 줄 수 있는 큰 변화를 만들어 낼 수 있다고 믿어요.

책을 읽고 나서 스마트폰을 대하는 여러분의 마음이 조금이나마 달라져 있기를 기대해요.

초록별 지구를 사랑하는 김미향

## 차례

**가람이의 브이로그**
# 멸종위기 동물
최신 폰을 살 때마다 사라지는 고릴라
(콜탄 채굴) ··· 7

**상우의 브이로그**
# 하천 오염
손가락으로 즐기는 화면
(반도체 칩) ··· 27

**보라의 브이로그**
# 대기오염
보호에서 패션이 된 케이스
(복합 플라스틱) ··· 45

**효원이의 브이로그**
# 이산화탄소
클릭만으로 쌓이는 어두운 그림자
(디지털 쓰레기) ··· **67**

**다온이의 브이로그**
# 생태계 파괴
무선 통신탑에 길을 잃는 꿀벌
(전자 스모그) ··· **87**

**한솔이의 브이로그**
# 수질오염
땅 밑 지하수에 스며든 중금속
(폐스마트폰) ··· **109**

**유찬이의 브이로그**
# 전자 쓰레기
스마트폰 수리 선택권은 나에게
(수리할 권리) ··· **127**

REC ●

가람이의 브이로그

# 멸종위기 동물

최신 폰을 살 때마다
사라지는 고릴라

(콜탄 채굴)

## 알람이 꺼져 지각할 뻔했어요

앗! 큰일 났어요. 지각할 것 같아요. 아침에 알람이 울리지 않아 늦잠을 자고 말았어요.

스마트폰이 꺼져 있었네요. 빨리 밥 먹고 가방 챙겨서 나가야겠어요.

"엄마! 왜 깨우지 않았어요."

"깨우지 말라며? 네가 스스로 일어나 영어 공부하고 학교 간다면서."

며칠 전에 최신 스마트폰을 사달라고 졸랐거든요. 엄마는 영어 학원 레벨 테스트에서 상급반으로 올라가면 생각해 본다고 했어요. 그래서 매일 일찍 일어나 영어 공부를 한다고 큰소리쳤죠. 며칠 동안 잘했는데 오늘은 스마트폰이 먹통 되는 바람에 망했어요. 어휴!

"스마트폰이 꺼져 있어 늦게 일어났다고요. 엄마, 제발 최신 폰으로 좀 바꿔 주세요. 우리 반에서 지혜랑 나만 구형 스마트폰을 쓴다고요."

"한가람! 오후에 수리 센터 가면 되니까 빨리 준비하고 학교 가!"

우리 엄마 참 냉정하죠. 사실 제가 스마트폰만 꺼내도 친구들이 '천연기념물'이라며 놀려요.

여러분! 이게 제 폰이에요. 요즘 7년 된 구형 스마트폰은 찾아볼 수도 없을걸요. 배터리가 빨리 닳아서 전원도 자주 나가고, 액정에 살짝 금이

간 것도 보이시죠. 뭐 제가 좀 험하게 쓰긴 했지만, 졸대 최신 폰을 갖고 싶어서 그러는 건 아니에요. 정말 상태가 심각해요. 아무리 졸라도 소용이 없어요. 휴! 오늘 하루 또 어떻게 보내죠?

## 수리하는 것보다 최신 폰으로 바꾸는 게 나아요

엄마랑 우리 동네 'AS 센터'에 왔어요. 이곳에는 AS센터뿐 아니라 스마트폰부터 태블릿, 게임기 등 최신 전자 기기도 다 모여 있어요.

AS 센터 건물 앞에 사람들이 많이 모여 있네요. 최신 폰을 사려는 사람들일까요?

아니네요. 무엇인가를 알리는 행사 같아요. 긴 현수막이 가로로 펼쳐져 있고 뒤쪽에 서 있는 사람들은 손 팻말을 들고 있어요.

편리함 뒤에 숨겨진 불편한 진실!!
스마트폰은 되도록 오래 사용하세요.
폰을 자주 바꾸는 당신은 고릴라를 죽이는 데 동참하는 것입니다.

엄마가 환경 단체에서 시위를 하는 것 같다고 하시네요.

시위대 앞을 지나쳐 건물 안으로 들어갔어요. 1층은 모바일 전문 매장이에요. 와! 여러분 이것 보세요. 최근에 출시된 XX30도 있어요. 사람들이 이 폰 사려고 길게 줄 서 있던 바로 그 제품 맞죠? 한번 만져 볼게요. 정말 부드럽고 빠르네요. 터치감도 좋고. 아, 제가 너무 갖고 싶은 제품이에요. 엄마가 사 주면 정말 좋겠어요.

"162번 손님 13번 창구로 오세요."

제 차례네요. 휴대전화 수리 맡기고 올게요. 잠시만요!

제 구형 스마트폰 진단 결과를 알려 드릴게요. 수리 기사님이 분해해

보시더니 떨어뜨려서 생긴 손상이 있다고 하셨어요. 그래서 화면이 잘 나오지 않고 먹통이 되는 것 같다고요.

엄마가 저를 째려보시는데 모르는 일이라고 잡아뗐어요. 사실은 엄마한테 비밀인데요. 얼마 전 친구하고 장난치다가 바닥에 떨어뜨렸어요. 그것 때문에 수리비가 많이 나올 것 같아요. 또 오래된 제품이라 부품 구하기가 어렵다고 하시네요.

기사님께 왜 수리비가 비싸고 부품을 구하기가 어려운지 여쭤 봤더니 엄청 친절하게 설명해 주셨어요.

"최근에는 신제품이 빠르게 출시되기 때문에 구형은 생산이 중단되는 경우가 많아요. IT 기기 기능이 많아질수록 부품의 수도 늘어나고 구조는 더 복잡해져요. 그리고 이 얇은 스마트폰 안에 희귀 광물이 20종 넘게 들어가 있어요. 사람들이 스마트폰 신제품이 출시되면 쓸 만한 데도 버리고 최신 폰으로 자주 바꾸다 보니 원료 값도 오르고, 구형 부품은 점점 더 구하기 어려워져요. 고객님! 요즘 기기 변경 혜택도 많은데 차라리 최신 폰으로 바꾸는 건 어떠세요?"

흐흐! 제가 엄청 바라던 일인데…. 알뜰하신 우리 엄마 표정은 어둡네요.

이번 기회에 아까 찜해 둔 최신 폰으로 바꿔 주면 좋겠는데…. 엄마가 어떤 결정을 내릴지 조마조마하네요.

## 스마트폰에 왜 고릴라의 눈물이

여러분 드디어 최신 폰이 생기려나 봐요. 엄마한테 공짜 폰 이야기를 했더니 가 보자고 하시네요. 웬 공짜 폰이냐고요. 어제 영어 학원에서 우리 반 서준이가 스마트폰으로 게임을 하고 있었어요. 최신 폰이라 물어보니 통신사 바꾸고 기기 변경해서 공짜로 받았다고 자랑하더라고요.

집에 와서 엄마한테 빨리 가 보자고 졸랐어요.

참! 우리 반에서 저보다 더 오래된 폰을 쓰고 있는 지혜한테도 알려 주었죠.

"송지혜! 서준이가 최신 폰 공짜로 샀대! 우리도 거기 가서 바꾸자."

그러자 지혜는 아직 쓸 만하다며 괜찮다고 했어요.

지금 서준이가 폰 샀다고 알려 준 XX30 대리점 매장에 엄마랑 함께 왔어요. 아! 여기에도 어깨띠를 메고 손 팻말을 든 환경 단체 사람들이 많네요.

잠깐! 저기 가운데 손 팻말 들고 있는 학생, 우리 반 송지혜 같아요!

"한가람! 너 스마트폰 사러 왔구나!"

"어, 송지혜 네가 왜 여기 있어?"

"우리 엄마 환경 잡지사에서 일해. 여기 취재 중이라 함께 왔어!"

"근데 넌 왜 손 팻말을 들고 있는데…"

"엄마가 취재하는 내용이 환경 때문에 멸종되는 동물들이야. 아프리카에 살던 고릴라들이 죽는 모습을 보고 나도 참여하게 되었어."

"저기 어깨띠 두른 환경 단체 직원과 이야기를 나누고 있는 사람이 우리 엄마야. 같이 가볼래?"

엄마가 가서 인사하고 오라고 하시네요.

"안녕하세요. 지혜 친구 한가람입니다."

"그래 반가워. 너희들 잘 왔다. 잠시만 이것 좀 들고 있어 봐! 취재용 사진이 필요하거든. 초등학생들도 고릴라를 보호하려는 모습 멋진데!"

얼떨결에 손 팻말을 들고 사진을 찍었어요. 뭐라고 쓰여 있는지 보이시나요.

**콜탄 채취로 사라진 고릴라의 집!**
**분쟁 지역 광물 OUT!**

어, 그런데 전 그냥 스마트폰 사러 왔는데 얼떨결에 고릴라 보호하는 사람이 돼 버렸어요.

취재를 마친 지혜 어머니께서 손 팻말을 들어 줘서 고맙다며 케이크

　를 사 주겠다고 하셔서 다함께 카페에 들어왔어요. 엄마들은 커피를 주문하고요.

　전 아직도 스마트폰과 고릴라의 관계를 잘 모르겠어요. 지혜 어머니께 여쭤 볼게요.

"스마트폰 안에 들어가는 부품을 만들 때 꼭 필요한 원료 가운데 하나가 '콜탄'이야. 콜탄은 충전 배터리에 전기를 저장하는 역할을 해. 따라서 전 세계 사람들이 스마트폰을 살 때마다 당연히 원료인 '콜탄'을 사용하겠지. '콜탄'은 아프리카에 있는 콩고민주공화국에 가장 많이 묻혀 있지. 그런데 '콜탄'이 돈이 된다는 소문을 들은 사람들이 고릴라가 사는 숲까지 밀어 버리고 땅을 파고 있어. 그곳에 고릴라 가족들이 살고 있었는데 말이야."

지혜 어머니가 손발이 꽁꽁 묶인 채 바닥에 누워 있는 고릴라 사진을 보여 주셨어요. 어미 잃은 새끼 고릴라가 숲이 사라진 자리에서 울고 있어요. 저런 끔찍한 일이 스마트폰 때문에 일어난다고요?

"너희들 좋은 일 했는데 아까 찍은 사진 잡지에 실어도 될까?"

"그럼요, 엄마! 가람아 너도 괜찮지?"

지혜가 동의를 구하는데 양심이 찔리네요. 지혜가 그형 폴더폰을 아직까지 사용하는 이유를 알고 나니 친구이지만 의젓해 보이기도 하고요.

여러분! 제가 새 스마트폰을 샀을까요? 아니에요. 수리해서 더 사용하기로 했어요.

저도 지혜처럼 고릴라를 지키고 싶어졌어요. 이제 최신 스마트폰 욕심 내지 않고 구형이지만 쭉 같이 갈 겁니다. 지켜봐 주세요.

### 더 알아보아요

## 스마트폰에 한정된 지구 자원이

▲ 스마트폰 내부

스마트폰이 어떻게 만들어지는지 궁금하지 않나요?

4차 산업혁명의 중심에 있는 스마트폰이지만, 한편에서는 고통받는 자연과 동물들이 희생되고 있어요. 왜냐고요? 스마트폰은 한정된 지구 자원과 에너지로 만들어지기 때문이에요. 금과 은, 주석, 구리, 철, 텅스텐, 니켈뿐만 아니라 희소 금속인 희토류와 콜탄 등 광물이 20가지 이상 쓰여요.

그런데 광물을 캐는 과정에서 숲이 파괴되고 물과 대기가 오염되고 있어요. 스마트폰과 반도체에 꼭 필요한 금속인 금을 캐려고 아마존 밀림 숲은 이미 절반이 사라졌어요. 금을 캐는 광산 주변은 사막화되었고요.

주석은 스마트폰에 들어가는 여러 금속을 붙이는 데 사용되는데요. 인도네시아 방카(Bangka)섬과 벨리퉁(Belitung)섬 주변에서 채취해요. 바다 밑 모래를 파내야 하기 때문에 귀중한 산호가 희생되고요.

▲ 콩고의 콜탄 광산과 콜탄

　충전 전기를 저장하는 원료인 콜탄은 고릴라가 살고 있는 숲을 없애 버렸어요. 그 외 다른 광물을 얻는 과정도 크게 다르지 않아요. 새로운 제품을 만드는 데 필요한 원료의 양이 점점 늘어나면서 한정된 지구 자원은 자꾸 줄어들고 있어요.

### 새 스마트폰으로 빠르게 교체

전 세계 약 53억 명, 한국인 97퍼센트가 사용 중인 전자 기기는 무엇일까요? 바로 스마트폰이에요. 2007년 '아이폰'이 등장하여 대중화에 성공해 우리 손 안의 필수품이 되었어요. 이후 진화를 거듭해 휴대전화에 여러 가지 기능을 추가하여 새로운 문화로 탄생했지요. 스마트폰은 인류 역사에 기여한 위대한 물건 중 하나로 평가받고 있어요.

우리가 스마트폰에 열광하는 동안 기업들은 더 나은 제품을 만들기 위해 기술 개발에 힘을 쏟았죠. 그래서 매년 새로운 모델을 선보이며 신제품 경쟁을 하고 있어요. 기능이 더 좋아진 제품이 화려한 광고와 함께 등장하면 멀쩡한 내 휴대전화를 바꾸고 싶은 욕망이 생겨나겠죠.

우리나라 사람들은 33개월(2022년 기준) 주기로 스마트폰을 새것으로 바꾼다고 해요. 세계에서 교체 주기가 가장 짧은 나라에 속하고요. 대부분 최신 모델의 디자인과 첨단 성능에 끌리기 때문이래요. 또한 2년 약정 기간과 번호 이동 조건을 내걸며 고객을 모집하는 통신사의 전략적 판매 기법에 유혹되기도 하고요.

### 콜탄이 고릴라를 멸종위기로

카후지-비에가(Kahuzi-Biega) 국립공원은 아프리카 콩고민주공화국에

▲ 콩고 카후지-비에가 국립공원의 동부저지대고릴라. 콩고민주공화국 동부 산악 지대에 서식하는 동부저지대고릴라는 멸종위기에 처해 있다.

있어요. 세계 문화유산으로 지정된 신비로운 숲이지요. 푸른 숲 아름드리 나무 사이에 동부고릴라 무리가 살고 있어요. 이곳에 사는 마운틴고릴라와 동부저지대고릴라는 인간 유전자와 90퍼센트 이상 일치하는 인류의 사촌쯤 된다고 해요. 동부저지대고릴라는 1998년 1만 7,000마리에서 2016년 3,800마리로 줄었다고 해요.

  카후지-비에가 국립공원에 묻혀 있는 콜탄을 캐려고 그곳에 살고 있는 고릴라를 마구 죽였기 때문이에요. 콜탄은 스마트폰을 비롯해 게임기, 노트북 등 첨단 기기에 꼭 필요한 땅속 광물입니다. 과거에는 회색 모래 정도로 취급되었는데 스마트폰의 주요 부품이 되면서 귀한 대접을 받고 있어요. 당연히 콜탄 가격은 10배 이상 치솟았고요. 스마트폰 한 대에 0.02그램 정도 소량 들어가지만 아프리카 환경 파괴와 고릴라 멸종의 원인이 되고 있어요. 지구의 콜탄 중 80퍼센트 정도가 아프리카 콩고민주공화국에 묻혀 있기 때문이에요.

콩고민주공화국은 정부군과 반군이 서로 싸우고 있어요. 반군은 전쟁 자금을 모으기 위해 주민들과 어린이들까지 불법으로 끌고 가 노예처럼 광산에서 콜탄을 캐는 일을 시켰어요. 그리고 콜탄 채취에 방해된다는 이유로 고릴라들을 마구 죽였어요.

## 피 묻은 광물은 이제 그만

광물 자원이 풍부하게 묻혀 있는 나라들은 내전이나 분쟁 지역이 많아요. 아주 어린아이까지 동원되어 콜탄 광산에서 돌을 골라내는 일을 하고 있어요. 자연을 파괴하고 금지된 아동 노동을 시키면서 채취한 콜탄을 팔아 대부분 전쟁 무기를 사고요.

국제 환경 단체에서는 이렇게 채취한 광물을 더 이상 수입하지 말자는 결의를 했어요. 온갖 불법을 저지르며 캐낸 중앙아프리카 광물을 분쟁 광물로 지정했고요. 금, 주석, 콜탄, 텅스텐은 대표적 분쟁 광물로 모두 최신 스마트폰에 들어가는 부품이에요. 국제연합(UN)이 회원국에 '분쟁 광물'

사용을 규제하라고 요구하기도 했지요. 미국과 유럽연합(EU)을 비롯한 여러 나라가 동의했어요. 그래서 '분쟁광물규제법'이 만들어졌어요.

스마트폰을 생산할 때 사용하는 광물을 증권거래위원회(SEC)에 보고해야 한다는 조항을 넣었어요. 우리나라 기업들도 이 조항에 따라 '분쟁 광물'을 사용하는지 알려야 하지요. '분쟁광물규제법'에 따라 아동 노동과 정당한 임금을 주지 않고 캐낸 광물은 거래가 막히게 되겠지요. 그러면 중앙아프리카 범죄 집단에 들어가는 돈도 끊기겠죠.

## 페어폰을 아시나요?

'페어폰(Fairphone)'은 네덜란드 사회적 기업이자 이 회사에서 만든 공정 스마트폰 이름이에요. 이 기업은 분쟁 지역의 안전하지 않은 환경에서 생산되는 광물을 사용하지 않고 스마트폰을 만들기로 했어요. 광물 채취 과정에서 환경을 파괴하고 노동 착취, 심지어 고릴라까지 멸종위기로 몰아넣는 것이 공정하지 않다고 생각했기 때문이에요.

혹시, 공정 무역으로 만든 커피, 초콜릿을 알고 있나요? 생산자와 노동자에게 정당한 임금을 지불하고 소규모 농장이나 조합에서 구입한 원료로 만든 제품이에요. 스마트폰에도 이 공정 무역 개념을 적용하기로 했어요. 환경을 덜 파괴하면서 분쟁 지역이 아닌 곳의 금, 주석, 콜탄 등을 찾았어요.

모든 부품은 공정 무역을 통해 수입하고 있어요. 노동자들은 안전이 보장된 공장에서 일을 하고, 적당한 임금을 받아요. 판매 후 5년 보증 기간을 정해 두었어요. 제품은 소비자가 직접 수리할 수 있도록 만들었고요. 폐기한 스마트폰에서도 사용 가능한 부품은 재활용한다고 해요. 원료에서 생산, 판매, 폐기까지 환경을 생각하는 착한 기업이에요.

### TIP 작은 습관만 바꿔도 스마트폰을 오래 사용할 수 있어요

스마트폰을 오래 사용하면 돈만 절약하는 것이 아니에요. 새로운 스마트폰은 만드는 데 사용되는 원료와 에너지도 절약할 수 있어요. 전자 쓰레기도 줄어 결국 환경에 도움이 되고요. 새 모델로 바꾸기 전에 지금 사용하고 있는 스마트폰을 한 번 점검해 보아요.

**① 운영체제(OS)를 업데이트해 보세요.**

업데이트는 최신 보안 문제, 새로운 기능, 버그를 수정하는 등 성능을 개선해 줘요. 스마트폰이 느려졌다면 속도를 높이는 데 도움이 됩니다.

**② 저장 공간을 늘려 보세요.**

사용하지 않는 앱을 삭제하고 사진, 문서 등 보관이 필요한 것들은 SD카드에 저장해요.

**③ 긴 통화, 게임으로 오래 사용하여 열이 나지 않게 하세요.**

배터리는 수명이 정하진 소모품이에요. 시간이 지나면 성능이 떨어지지요. 배터리만 교체해서 다시 사용할 수 있어요.

### ④ 화면 밝기를 30% 정도로 조절해 주세요.

배터리를 가장 많이 소모하는 항목은 화면 밝기라고 해요. 배터리를 아끼는 습관이 스마트폰 수명을 길게 해 줘요.

### ⑤ 불필요한 알람은 꺼 두세요.

댓글, 단체방 메시지, 알람 등 꼭 필요하지 않은 소리는 끄세요. 진동과 소리가 함께 울린다면 진동도 끄는 것이 좋아요. 진동이 소리보다 배터리를 더 많이 소모한답니다.

### ⑥ 하루 한 번 스마트폰을 껐다 켜 주세요.

스마트폰을 끄면 자동으로 활성화되는 애플리케이션들이 종료돼요. 전자 기기는 종료하지 않으면 내부 부품이 닳아요.

### ⑦ 데이터를 사용할 때는 와이파이 기능을 꺼 두세요.

와이파이는 주변 무선 네트워크를 찾으려고 작동하기 때문에 배터리가 소모되지요. 블루투스, GPS, 핫스팟도 사용하지 않을 때는 꺼 두세요.

### ⑧ 배터리 관리 위젯이나 앱을 설치해 보세요.

앱에서 남은 배터리 양이나 불필요한 메모리까지 정리해 주니까 배터리를 절약할 수 있어요.

## 배 농사를 그만두신대요

　외할아버지 생신이라 경기도에 있는 이천에 가는 중이에요. 저희 외할아버지는 배 농사를 지으시는데요. 배 맛이 좋기로 소문났어요. 농약 사용을 줄이고 친환경 농법으로 배나무를 키우시거든요. 그래서 수확하면 모두 학교 급식용으로 보내진대요.

　그리고 오늘은 특별히 기대되는 일이 있어요. 먼저 구피를 잡을 예정이에요. 외사촌에게 들었는데 세상에 할아버지 농원 옆에 있는 죽림천에 구피가 산다고 하네요. 또 막내 이모를 꼭 만나야 해요. 취업 준비생이었던 막내 이모가 큰 회사에 합격했거든요. 스마트폰으로 유명한 회사예요. 제가 막내 이모한테 축하 메시지를 보내면서 최신 스마트폰을 갖고 싶다고 졸랐거든요.

　드디어! 배나무 농원에 도착했어요. 나무에 봉지가 주렁주렁 매달려 있는 것이 보이시나요. 벌레 먹지 않게 종이 봉지를 씌웠는데 저 속에서 배가 익어 가고 있답니다. 아, 저기 배나무 아래에 외할머니와 외삼촌이 계시네요.

　"할머니! 외삼촌! 안녕하셨어요."

　그런데 두 분 표정이 밝지 않으세요. 왜 그럴까요?

"외삼촌 무슨 일 있으세요?"

"아니, 올해 배 농사 때문에 그래. 배가 수분도 적게 되고 단맛도 덜 나는구나! 걱정이란다."

"예! 왜요?"

"글쎄, 할아버지는 반도체 공장에서 흘려보낸 하천 물 때문이라고 하시는데 알 수가 없구나!"

"할아버지는 어디 가셨어요?"

"반도체 공장이 또 들어선다고 해서 마을 사람들과 시청에 항의하러 가셨어!"

외삼촌은 하천 물이 오염되면 농사에 필요한 물대기가 어려워 배 농사를 그만두어야 할지도 모르겠다며 한숨을 쉬세요. 아삭하고 시원한 외할아버지 배 맛을 이제 맛볼 수 없는 걸까요?

## 죽림천이 반도체 공장 방류수라고요?

동생이 구피를 잡으러 가겠다고 아빠를 조르고 있어요.

"외삼촌! 죽림천에서 놀다 올게요."

외할아버지 농원에서 다리만 건너면 죽림천이에요.

자! 물에 들어가기 전에 준비물을 보여 드릴게요. 잠자리채, 물에서 신는 신발, 여벌 옷, 채집통까지 챙겼어요.

"와! 진짜 하천 물이 따뜻해요. 그래서 열대어들이 살고 있나 봐요!"

우리나라 하천에는 열대어가 살 수 없는데 어찌된 일일까요? 소문을 듣고 왔는지 투망을 든 사람들로 붐비네요. 가장자리 수풀 속에 잠자리채를 넣었다가 들어올리니 구피 치어 수십 마리가 잡혔어요. 동생은 신이 났고요. 구피 치어뿐 아니라 꼬마 새우도 있어요. 한 시간 정도 잡았

는데 여기 보세요. 구피 치어가 30마리, 꼬마 새우가 20마리 정도 잡혔어요. 신기하죠. 하천에 열대어들이 살고 있으니까요. 구피 사진을 찍어 친구들에게 보내 자랑 좀 할거요.

"상우야, 상아야!"

어유, 벌써 아빠가 데리러 오셨네요. 동생은 더 있고 싶어 했지만 일단 잡은 구피 치어라도 채집통에 담아 가야겠어요.

외할아버지가 농원에 계시네요.

"할아버지 구피 보세요. 많이 잡았죠."

"쯧쯧, 거기 왜 구피가 사는지 아느냐? 반도체 공장에서 흘려보낸 방류수 때문이야. 그것도 모르고 사람들은 열대어를 잡겠다고 모여들고 있으니 원."

"따뜻한 물이 반도체 공장 방류수라고요?"

"그래, 저쪽 반도체 공장에서 사용하고 난 뒤 버리는 물이란다. 물 온도가 높아 목욕탕처럼 김이 올라올 정도야. 겨울에는 하천 주변에 퍼지는 안개 때문에 햇빛을 덜 받아 농작물도 피해가 커."

물은 깨끗했는데 그래도 공장에서 버리는 물이라고 하니 왠지 찜찜하네요.

## 막내 이모의 선물

여기는 배나무골에 있는 유명한 갈비집이에요. 외할아버지 생신 축하 가족 모임 장소예요. 외가 친척들이 모두 모였어요. 오늘 특별히 막내 이모 취업을 축하하는 자리까지 겹쳐 즐거운 시간을 보내고 있어요. 막내 이모는 반도체 회사 연구소에서 근무를 시작했대요. 회사 마당에서 찍은 사진도 보여 주며 벌써 회사 자랑에 정신이 없어요. 그런데 건물 앞에 큰 연못이 있네요. 반도체 회사에서 버리는 물을 정화해서 만든 연못이라고 해요.

"반도체 공장에 왜 물을 정화하는 시설이 있어요?"

"반도체를 만들 때 물을 많이 사용하거든. 그래서 사용 후 폐수를 여러 번 걸러 깨끗하게 해서 하천으로 흘려보내고 있어!"

"아, 낮에 구피 잡을 때 따뜻했던 물도 반도체 회사 방류수 때문이라고 그러셨는데."

"그래서 방류수를 잘 처리해서 다시 사용하는 방안을 연구하고 있어!"

막내 이모가 갑자기 멋져 보이네요. 거기다 취업 기념이라며 사온 선물이 뭔지 아세요. 최신 스마트폰이에요. 신입 직원 혜택으로 할인받아 세 개나 샀다고 하네요. 외사촌과 저, 외할아버지까지 스마트폰을 선물로 받았어요.

"이모! 정말 고마워요. 이 은혜를 어떻게 갚아야 할지…"

외사촌과 제가 환호성을 지르는데 곁에 계신 외할아버지는 별로 달가워하지 않으시는 것 같았어요.

"난 사용할 줄도 모르는데 쓸데없는 것을 샀구나."

참, 외할아버지는 아직 피처폰을 가지고 계시거든요.

"할아버지 제가 사용법을 알려 드릴게요. 스마트폰은 손가락 터치 하나로 모든 프로그램을 사용할 수 있어요. 날씨 예보랑 뉴스도 볼 수 있고요. 할아버지가 약속했는데 길을 몰라서 찾아야 할 때에는 요 지도 앱을 터치하면 돼요. 음, 게임도 이렇게 하면 아, 아니다 게임은 필요 없겠죠. 후후!"

친구 분과 대화할 수 있도록 카톡도 깔아드리고 오늘 찍은 사진으로 프로필 화면을 꾸며 드리니 계속 신기하다고 하셨어요.

"도대체 요 기기 안에 뭐가 들어 있길래 버튼도 없이 손가락만 대면 화면이 바뀌는 거냐?"

"아, 할아버지 그건요, 스마트폰 안에 있는 반도체 칩 때문이에요. 사실 스마트폰은 반도체 덩어리거든요."

"뭐! 반도체라고?"

아차, 외할아버지는 반도체 공장 때문에 농사 피해를 입고 계시는데 괜히 말했나 봐요.

휴! 커피 마시고 있는 막내 이모를 불러와야겠어요.

"아직 쓸 만한데 왜 스마트폰으로 바꾸라는 거야. 너도나도 스마트폰을 사용하면서 반도체 공장을 더 크게 짓는 모양인데, 물을 엄청나게 끌어다 쓰고 따뜻한 물까지 내다 버리니, 결국 내 농사를 망치는 게 아니냐!"

괜히 막내 이모가 잔소리를 듣게 되었네요.

"아버지! 꼭 스마트폰뿐만 아니라 4차 산업혁명 시대에 반도체는 모든 곳에 필요해요. 수요가 늘어나니 공장이 더 필요해졌고요."

"하천이 깨끗해야 건강한 농산물을 수확할 수 있는 거야! 농사에 물만큼 중요한 것은 없어."

"그래서 제가 사용한 물을 재이용하는 연구를 하고 있잖아요!"

막내 이모는 반도체가 산업의 쌀이라고 할 만큼 중요한 미래 자원이라고 하고, 외할아버지는 농사를 망치면 식량은 어디서 구할 것이냐고 하게요.

새 스마트폰 선물 받고 엄청 좋아한 저는 누구 편을 들어야 할지 모르겠어요. 스마트폰 속 반도체가 결국 외할아버지 배 농사와 연결되어 있으니까요.

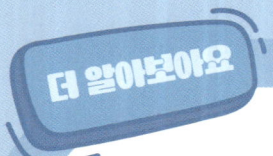

## 반도체의 집 스마트폰

스마트폰은 휴대전화와 컴퓨터 기능을 하나로 합쳐 놓은 모바일 기기예요. 진화하는 스마트폰의 최첨단 기능 덕분에 인류는 새로운 문화를 만들어 가고 있어요. 무선 인터넷과 GPS로 실시간 위치를 알 수도 있고, 길을 찾을 수도 있답니다. 모바일 앱으로 게임도 할 수 있고, 친구와 메신저를 주고받을 수도 있어요.

예전에는 글만 보낼 수 있었다면 지금은 동영상, 사진, 아이콘까지 전달할 수 있어요. 공부하다 모르면 인터넷의 도움을 받아 해결하지요. 이동하면서 음악을 들을 수도 있고 게임도 하고 영화도 볼 수 있어요. 사진 촬영과 SNS도 즐겨요. 또 시계, 노트, 달력, 은행, 신용카드, 음식 주문 등 스마트폰이 하는 일은 정말 많아요.

▲ PCB 기술이 들어간 하이테크 컴퓨터 보드. 스마트폰에 들어가는 IO 칩이다.

스마트폰이 이렇게 똑똑하거 진화한 것은 바로 반도체 덕분이에요. 스마트폰 안에는 여러 개의 반도체가 들어 있어 첨단 기술의 집합체라고 할 수 있어요. 반도체는 독립된 각각의 전자 요소를 하나로 합쳐 작은 칩 형태로 만들어요. 아주 작은 칩이 스마트폰에서 사람처럼 생각하고, 보고 듣고 말하는 기능을 합니다. 또 입력된 정보를 저장하고 기억하는 메모리 역할도 하고요. 반도체는 스마트폰을 넘어 미래 산업을 이끌 새로운 원동력으로 주목받고 있어요.

하지만 반도체를 만드는 과정에서 여러 종류의 환경오염 물질이 배출돼요. 편리한 스마트폰 뒤에는 지구의 눈물이 숨어 있답니다.

## 나노 기술로 만들어요

여러분 집 안을 한 번 살펴보세요. LED등, 냉장고, 정수기, 전자레인지, 노트북, TV, 무선 이어폰, 세탁기, 로봇 청소기 등 많은 전자 제품이 있지요. 최신 전자 기기의 공통점은 반도체를 사용한다는 것이에요.

반도체는 이름처럼 도체와 부도체의 중간인 물질을 말해요. 과학에서는 전기가 통하는 물질을 도체라고 하고, 반대로 전기가 통하지 않는 물질을 부도체라고 해요. 반도체는 전기가 통하지 않지만 빛이나 열 등 에너지를 가하면 전기가 통하게 된답니다.

▲ 실리콘 반도체 웨이퍼

　반도체 물질로 가장 많이 사용하는 원재료는 실리콘(Silicon)이에요. 원소 번호는 14번이고, 원소 기호는 Si이며, 규소라고도 해요. 규소는 지각 내에 산소 다음으로 가장 풍부한 천연 물질이에요. 규소는 모래에서 추출할 수 있어요. 반도체는 모래에서 규소를 추출한 다음 크게 여덟 단계 공정을 거쳐 만들어져요.

　미세먼지조차 없는 클린룸이라 불리는 깨끗한 방에서 눈에 보이지 않는 아주 가는 나노 기술로 작업해요. 1나노미터(nm)는 10억분의 1미터(m)에 해당하지요. 머리카락 굵기 10만분의 1과 비교할 수 있어요. 이처럼 작게 자르기 위해 여러 종류의 화학 약품을 사용하고 있어요. 그것을 다시 씻겨 내는 데 물이 많이 필요하지요. 이때 사용하는 물은 불순물을 모두 제거한 순수 물이에요.

## 반도체의 두 얼굴

최근에는 음식점에서 음식을 나르는 로봇, 인공지능 AI 프로그램으로 물건을 파는 편의점이 등장했어요. 4차 산업혁명 시대 사람들은 반도체를 점점 더 많이 사용하고 있어요.

세계는 반도체를 국가 산업으로 키우려고 노력하고 있고요. 우리나라도 주요 수출품 1위가 반도체라고 할 만큼 성장하고 있지요. 하지만 반도체를 만드는 과정에서 발생하는 환경오염에 대해서는 잘 모르고 있어요.

▲ 반도체 웨이퍼를 실어 나르는 자율 주행 시스템(3D 이미지)

실제 반도체 공정에서는 높은 온도와 높은 압력을 가해야 하므로 전기 에너지가 많이 필요해요. 반도체 생산에 인류가 쓰는 전력의 3~5퍼센트가 쓰인다고 해요.

화석연료를 사용한 전기 에너지가 내뿜는 온실가스 양이 엄청나겠지요. 쓰임이 끝난 화학물질이 공기나 물속에 섞여 들어가기도 하고요. 만드는 과정에서 사용하는 수만 톤의 물은 수자원 부족을 불러오기도 해요. 사용 후 폐수는 하천으로 흘려보내 생태계 혼란을 일으키고요. 내 손 안의 스마트폰이 어떻게 지구 환경과 연결되어 있는지 알 수 있겠죠.

## 우리나라 하천에 열대어가 살아요

구피는 주로 남미 지역에 서식하는 열대어예요. 구피가 살아가기에 적당한 물 온도는 26~28도 정도예요. 그런데 어떻게 계절에 따라 온도가 달라지는 우리나라 하천에 살게 되었을까요? 겨울에는 하천이 꽁꽁 얼기도 하는데 말이에요.

구피가 사는 하천 주변에 있는 반도체 공장에서 흘려보낸 방류수 때문이지요. 반도체 공장에서 나온 방류수는 공장 열병합 발전기의 열을 식히는 데 사용했던 냉각수인데요. 근처 하천으로 23.5도 정도의 물을 계속 흘려보내 겨울에도 김이 나는 따뜻한 곳이 되었어요.

구피를 기르던 누군가가 이 하천에 구피를 풀어 놓았어요. 구피는 뛰어난 번식력으로 하천을 점령해 버렸어요. 그런데 반도체 공장 방류수가 흐르는 하천이 안전한지는 잘 모르겠어요. 반도체를 만들 때에는 아주 작은 먼지 하나라도 있으면 오류를 일으킬 수 있기 때문에 물을 사용해 씻는 과정을 반복한대요. 이때 많은 종류의 화학물질이 폐수에 섞여 나와요. 그 물을 반도체 공장 측에서는 철저하게 관리한 후에 방류수로 내보낸다고 해요.

수온이 올라가면 녹조 현상이 발생해 수질이 나빠져요. 따라서 아무리 관리 후에 물을 내보낸다고 해도 여름에 수온이 올라가면 물고기들이 터

▲ 폐기물의 배출은 하천에 수질오염을 일으킨다.

전을 잃게 되고 당연히 식물을 키우는 주변 지역에도 영향을 미칠 수밖에 없지요.

## 새 스마트폰을 사면 기후 재난이 따라와요

유명 회사의 새 스마트폰이 출시되는 날. 매장 앞에는 긴 줄이 생겨요. 어떤 사람은 스마트폰을 벌써 10번째 바꾸는 것이라며 인터뷰를 하고 있어요. 전자 기기 중 스마트폰의 교체 시기가 2~3년으로 가장 짧다고 해요. 바꾸는 이유 1위도 좋은 기능의 신형을 갖고 싶어서라고 하고요. 스마트폰 기능이 좋아진다는 것은 그만큼 부품 수가 늘어나고 구조도 복잡해진다는 뜻이에요.

그러니 수많은 부품을 만드는 공장을 계속 지어야 하겠죠. 반도체 공장

은 전기와 물이 엄청나게 필요한 산업이에요. 당연히 공장이 늘어나면 온실가스 배출도 늘어나고 지구온난화로 이어지겠죠.

 2021년 미국 텍사스 주는 한파로 전기 공급이 끊겼고, 대만에는 56년 만에 큰 가뭄이 찾아왔어요. 두 곳에 있는 반도체 공장은 이상기후로 공장을 멈춰야 했어요. 늘어난 공장이 기후 재난을 부르고 다시 반도체 공장이 문을 닫는 피해로 돌아왔어요.

 최근 구글, 아마존, 퀄컴 등 주로 반도체를 사용하는 기업들이 탈탄소를 선언했어요. 탄소 발생을 줄인 기업의 반도체를 사용하겠다는 것이에요. 반도체 회사들은 재생 에너지로 만든 전기를 사용하거나 물 사용량을 줄이는 방법을 연구 중이라고 해요. 스마트폰을 자주 바꾸는 소비 문화를 없애는 것도 기후 재난의 악순환을 끊는 데 동참하는 거겠죠.

## 아이돌 가수 콘서트에 가고 싶어요

오늘은 기분 좋은 소식이 있어요. 제가 좋아하는 아이돌 그룹 위너즈 콘서트 날짜가 발표되었어요. 해외 월드 투어를 마치고 국내 공연을 한다니 정말 가고 싶어요. 미주와 세라는 저와 함께 우리 반 위너즈 팬 삼총사예요. 벌써 단톡방에는 콘서트에 함께 가자는 글이 올라오기 시작했어요. 그런데 표 구하기가 엄청 어렵다고 하네요.

잠시만요, 친구한테 또 메시지가 왔어요.

아, 세라가 위너즈 콘서트 표 구하는 방법을 찾았다면서 사이트 주소를 보냈네요. 컴퓨터를 켜서 찾아볼게요.

스마트폰 케이스 온라인 판매점인데요. 위너즈가 협찬해 맞춤 제작한 2+1 상품이 올라와 있어요. 주문하면 추첨해서 콘서트 표를 준다고 하네요. 한 번에 세 개를 사는 거라 조금 부담스럽네요. 그렇지만 아이돌 스마트폰 케이스를 매일 바꿔 가면서 자랑하는 친구도 많거든요. 유명인들이 SNS에 거울 셀카를 찍어서 올리면서 스마트폰 케이스가 하나의 패션으로 자리 잡았어요. 덩달아 폰 케이스를 바꾸는 것이 유행하고 있어요.

미주와 세라는 위너즈 스마트폰 케이스를 주문했다며 똑같은 것으로 빨리 사라고 재촉하네요. 그래야 삼총사가 같은 케이스를 들고 콘서트에

갈 수 있다면서요. 온라인 주문을 하려면 엄마 카드가 있어야 하는데 일단 부탁해 봐야겠어요. 그런데 엄마가 예상외의 반응을 보이시네요.

"추첨권 받으려고 스마트폰 케이스를 세 개나 주문하겠다고? 이미 네 방 서랍에 들어 있는 것도 몇 개나 되잖아!"

엄마도 좋아하는 가수가 있지만 초등학생들이 사기에는 너무 큰 금액이라면서 팬심을 이용한 굿즈 판매에 문제가 있는 것 같다고 하세요.

"엄마도 좋아하는 UHO 아저씨 뮤지컬도 보고 콘서트, 팬 미팅도 가면서 너무해요. 미주와 세라는 벌써 주문했단 말이에요."

"정보라, 그럼 네가 벌어서 사든지!"

엄마가 단호하게 거절하셨어요. 스마트폰 케이스를 못 사면 예매는커녕 삼총사에도 끼워 주지 않을 텐데 어쩌죠?

## 쓰레기 산에 묻힌 스마트폰 케이스

아빠한테 부탁해 봐야겠어요. 아빠도 좋아하는 가수 공연 표 사려고 컴퓨터에서 광 클릭할 때가 있으니까 절 이해해 주시겠죠. 근데 오늘따라 아빠가 늦으시네요.

저, 지금 아빠와 함께 산에 가고 있어요. 위너즈 폰 케이스를 주문해 달라고 졸랐더니 주말에 산에 같이 가면 사 주겠다고 하셨어요. 아빠는 쓰레기를 주우며 달리기를 하는 플로깅 동호회에서 활동하고 있어요. 한 달에 두 번 정도 전국 산을 오르며 쓰레기 줍기를 하세요. 건강도 챙기고 환경도 지키는 일이라며 같이 가자고 하시는데 전 힘들다며 잘 따라가지 않았어요. 이번에는 위너즈 콘서트 때문에 할 수 없이 준비하고 나섰어요.

길게 흐르는 강이 아름다운 마을이네요. 저기 뒹굴고 있는 페트병이 보이시죠. 이젠 시골에도 일회용 플라스틱 컵이 빨대까지 꽂힌 채 버려져 있어요. 일단 주워서 아빠 배낭 옆 봉투에 담을게요. 그런데 간혹 불어오는 강바람에 이상한 냄새가 섞여 있어 기분이 좋지 않아요. 아빠도

'무슨 냄새지' 하시며 고개를 갸웃거리시네요.

어쩌죠? 일이 생겼어요. 들에서 비닐 쓰레기를 주우려는데 밭이랑에 쓰러져 계신 할머니를 발견했어요. 아빠가 뛰어가 할머니를 부축하니 속이 메슥거리고 어지럽다고 하세요.

119에 전화를 걸고 할머니께 물을 조금 마시게 해 드렸어요.

"아빠, 저기 구급차가 와요!"

구급대원들이 할머니를 들것에 눕혀 차에 태웠어요. 상황을 묻고 기록하시던 대원 분이 걱정 말라며 괜찮으실 거라고 안심시켜 주셨어요.

"저쪽에 쓰레기 산이 생긴 뒤로 마을 어르신들이 자주 이런 증상을 호소하세요. 밭일을 안 할 수도 없고 참 큰일이네요."

"쓰레기 산이라고요. 어쩐지 이상한 냄새가 나던데 그쪽에서 넘어 왔나 보네요."

"어휴! 말도 마세요. 조용한 마을에 갑자기 쓰레기차들이 들어오더니, 자고 일어나면 쓰레기 더미가 괴물처럼 자라는 쓰레기 산이 생겼어요. 불도 자주 나서 연기와 냄새가 마을을 덮쳐요. 연기와 냄새 때문에 기침, 가래가 심해지고 창문도 잘 열지 못하고 지내세요."

플로깅 동호회 회원들이 함께 쓰레기 산 쪽으로 가 보기로 했어요. 어, 어, 저기 높이 솟아 있는 것이 쓰레기 산인가 봐요. 온갖 생활 쓰레기가

다 모여 있어요. 비닐, 옷가지, 심지어 폐타이어까지요. 플라스틱 쓰레기 산이네요. 스마트폰 케이스도 눈에 띄게 많고요.

플라스틱이 바다에 섬을 만들었다던데 육지에는 산을 만들고 있었네요. 잠시 서 있어도 이렇게 힘든데 가까이 살고 계신 마을 어른들은 얼마나 괴로울까요?

굴착기로 쓰레기 산을 고르고 큰 자루들을 옮겨 내용물을 쏟아내고 있네요. 아! 스마트폰 케이스가 쏟아지고 있어요. 사용하지 않은 것 같은데 왜 재활용하지 않고 무더기로 여기에 버리는 것일까요?

## 통째로 버려지는 스마트폰 케이스 10억 개!!

궁금해서 동호회 회장님께 물었어요.

"아저씨! 스마트폰 케이스는 플라스틱이잖아요. 재활용하지 않고 왜 버릴까요?"

"글쎄, 사람들이 분리를 잘 하지 않는 이유도 있지만 케이스는 분리 자체가 안 되는 제품이 많아!"

"전 색이 바래서 버릴 때 플라스틱 수거함에 넣었는데요."

"스마트폰 케이스는 여러 가지 재질로 만들어져. 그립 톡이나 카드 케이스, 스티커도 붙이니까 재활용할 수 없어."

"그럼, 어떻게 버려요?"

"대개 종량제 봉투에 넣어 땅에 묻거나 태울 수밖에 없지. 쉽게 유행

이 바뀌니까 빨리 만들어 싸게 팔고 남은 재고는 저렇게 무더기로 버리는 거겠지. 보통 1년에 10억 개 넘게 버려진단다."

동호회 회장님 설명에 전 너무 놀랐어요.

"그렇게나 많이요? 하긴 우리 가족 것만 다 모아도 10개는 될 것 같네요."

"아이구, 우리 딸 위너즈 콘서트 가려고 또 사야 한다면서!"

아빠가 농담하시지만 어쩐지 약속을 지키지 않을 것 같은 불길한 예감이 드네요.

오늘 참 일이 많았네요. 힘든 하루였어요.

오! 방금 미주와 세라가 스마트폰 케이스가 도착했다며 인증샷을 올렸어요.

짜잔! 위너즈 오빠들 보이시나요? 핑크색 배경색에 살아 있는 표정 넘 멋지죠! 심지어 그립 톡에도 사진이 있어요. 세라가 가죽 재질에 구슬 달린 케이스를 끼우고 거울 셀카를 찍었네요. 너무 예쁘네요. 부럽기도 하고요.

요렇게 예쁜 스마트폰 케이스가 쓰레기 산에 마구 버려지고 있다니…. 위너즈 폰 케이스 사도 괜찮을까요? 휴! 콘서트 표와 삼총사는 또 어떻게 하죠?

저, 콘서트 갈 수 있을 것 같아요. 스마트폰 케이스 대신 아빠가 표를 예매해 주고 같이 가기로 했어요. 대신 지금 서랍에서 잠자고 있는 폰 케이스를 모아 동호회 회장님이 알려준 케이스티파이에 반납하러 가요. 일회용 플라스틱 줄이기 운동을 하는 곳인데요. 버려지는 스마트폰 케이스를 모아 다시 새 제품으로 만든다고 하네요. 몇 개 안 되지만 반납함에 넣고 환경 실천 포인트를 받으려고 해요. 삼총사 친구들한테 미안하지만 이해해 주겠죠.

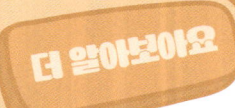
더 알아보아요

## 나만의 개성을 표현할 수 있어요

　세계인이 가장 많이 사용하는 전자 제품이 스마트폰이에요. 170여 년 전 처음 의사소통 수단으로 전화기가 발명되어 사람들을 놀라게 했어요. 그 후, 들고 다니며 통화할 수 있는 휴대전화로 발전했어요. 지금은 언제 어디서든 인터넷으로 정보를 얻고 실시간 대화를 나눌 수 있는 생활 필수품이 되었지요. 그런데 크기가 작아지고 기능이 복잡해지면서 떨어뜨리거나 외부 충격에 쉽게 파손되는 경우가 많아졌어요. 기업들은 스마트폰을 보호할 목적으로 케이스를 만들기 시작했어요.

　전화기에서 스마트폰으로 진화했듯이 폰 케이스도 보호에서 점점 꾸밈으로 변해 갔어요.

　SNS에 사진을 올리고 나만의 개성을 표현하는 수단이 되면서 케이스 시장이 빠르게 커졌어요. 아이돌 가수 캐릭터와 다양한 재질 그리고 지갑 겸용으로 쓸 수 있게 만든 제품들이 출시되고 있어요. 아이돌 그룹처럼 팬심을 이용한 굿즈와 유명인이 사용한 제품은 인기가 많아 날개 돋친 듯 팔린대요. 이제 단순히 보호 기능을 넘어 유행을 이끄는 상품이 되었어요. 광고에 끌리거나 옷과 가방에 맞춰 스마트폰 케이스를 사는 사람들이 늘어나면서 이제 하나의 패션으로 자리 잡았다고 해요.

## 플라스틱 수거함에 넣으면 안 되나요?

스마트폰 케이스는 한 사람이 몇 개씩 사고 약 3개월 주기로 바꾼다고 해요. 그래서 한 해 버려지는 양이 10억 개 정도 돼요. 서랍을 한 번 열어 보세요. 잠자는 스마트폰 케이스가 몇 개 있을 거예요. 버리기도 모호해 보관하거나 버릴 때도 대부분 플라스틱으로 알고 분리수거를 하는 경우가 많아요. 하지만 하나의 재질로 된 것이 아니면 재활용 수거함에 넣으면 안 돼요. 복합 재질로 만들어진 것은 종량제 봉투에 넣어 일반 쓰레기로 버려야 한답니다.

플라스틱 같은데 왜 그럴까요? 국제표준에 따르면 플라스틱은 공장에서 제품을 만들 때 사용한 원료에 따라 1번에서 7번까지 구분해 놓았어요. 숫자에 따라 재활용이 가능한 것과 불가능한 것으로 분리하죠. 스마트폰 케이스는 말랑한 실리콘, 딱딱한 플라스틱, 가죽, 큐빅, 거울 등 복합 플라스틱으로 되어 있어 재활용을 할 수 없어요.

　공장에서 많이 만들어 팔고 남은 것은 화학적 분해를 해야 하지만 비싼 처리 비용 때문에 그냥 무더기로 버려진다고 해요. 이렇게 스마트폰 케이스는 썩지 않는 플라스틱 쓰레기가 되어 지구에 쌓이고 있어요.

## 더 이상 버릴 곳이 없어요!

　스마트폰 케이스처럼 재활용이 안 되는 종류는 실제 선별장에서 대부분 태우거나 매립할 수밖에 없어요. 하지만 태우는 과정에서 나오는 다이옥신, 푸란, 수은 등의 독성 화학물질은 우리가 호흡하는 공기 중으로 배출돼요. 땅속에 묻잖아요? 그러면 시간이 지나면서 오염수가 땅과 지하수를 썩게 하고 유해 가스도 나와요. 이런 오염수가 매립지에서 바다로 흘러가면

수많은 물고기를 죽일 수 있어요.

그런데 땅에 묻거나 태우는 방법에도 한계가 있어요. 플라스틱 쓰레기는 더 이상 받을 수 없을 정도로 많아져 처리 시설이 부족해졌어요. 새로운 매립 장소를 정하려고 해도 주민들 반대에 부딪쳐 실행이 어렵고요. 쓰레기를 묻거나 태울 때 나오는 해로운 물질 때문에 당연히 반대가 심하겠죠. 더 이상 매립할 장소를 정하지 못하면 길에 쌓일 수밖에 없을 거예요. 어쩌면 우리는 플라스틱이 쌓인 거리를 걸어 다녀야 할지도 모르겠어요.

결국 덜 쓰고 다시 쓰는 생활 실천이 중요해요. 유행에 흔들리지 말고 스마트폰 케이스는 오래 사용하면 좋겠어요. 또 분리가 쉬운 재생 플라스틱 원료를 사용한 케이스를 찾아 쓰는 착한 소비자 권리를 실천해 보세요.

## 친환경 플라스틱도 잘 따져 봐야 해요

플라스틱의 발명은 인류의 발전에 큰 도움을 주었지만 재활용이 어렵고 자연 분해되지 않는다는 단점이 있어요. 너무 많이 쓰다 보니 지구는 플라스틱 쓰레기로 병들기 시작했죠. 인류는 미래 세대를 위해 플라스틱 문제를 해결해야 하는 의무가 있어요. 가장 큰 단점인 썩지 않는 문제를 극복하기 위한 연구가 시작되었어요. 그 결과 친환경 플라스틱이 하나둘 탄생하기 시작했어요.

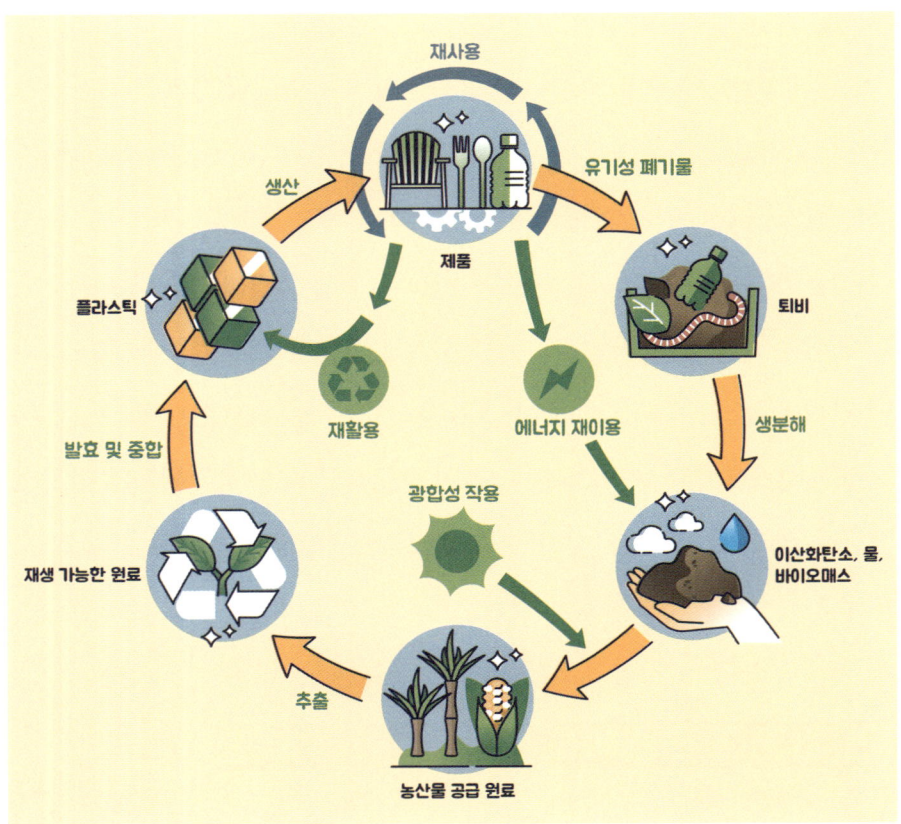

▲ 바이오 플라스틱 및 재사용이 가능한 재료의 생산 주기

   재활용 플라스틱이나 폐플라스틱을 잘게 부수어 새로운 제품을 만들기도 하고, 플라스틱을 분해하여 순수한 원료 상태로 되돌려 새로운 제품을 만들기도 해요. 이렇게 버리는 물건을 다시 사용하여 이용하는 것을 리사이클링이라고 해요. 또 옥수수, 감자, 사탕수수 등 식물성 원료에서 추출한

물질로 만든 자연에서 분해되는 플라스틱도 나왔어요.

리사이클링으로 만든 스마트폰 케이스도 늘어나고 있어요. 페트병으로 만들었다거나 100퍼센트 생분해되는 제품이라며 광고하고 있지요. 하지만 친환경 제품이라도 재활용이 가능한지 따져 봐야 해요. 그립 톡이나 카드 케이스, 스티커 등이 붙어 있기 때문이죠.

또 생분해성 플라스틱은 땅에서 금방 분해되어 사라질 것처럼 말하지만, 사실은 50~60도 고온에서 3~6개월 이상 지나야 분해가 돼요. 보통 쓰레기 매립장에서는 분해되지 않고, 산업적인 시설에서 분해해야 해요. 산이나 강에 버려진다던 일반 플라스틱처럼 썩지 않아요. 친환경 원료라며 마구 쓰고 버리는 바람에 오히려 쓰레기가 더 많이 쌓이고 있대요. 중요한 것은 덜 쓰고 재사용하는 것이랍니다.

## 플라스틱 협약을 다루는 유엔환경총회

2022년 케냐 나이로비에서 제5차 유엔환경총회가 열렸어요. 2024년 말까지 유엔 플라스틱 협약을 마련하여 법으로 규제하겠다는 결정을 내렸어요. 석유에서 얻은 탄소화합물인 플라스틱의 사용을 제한하겠다는 강한 의지를 담았지요. 이미 우리

▲ 유엔환경총회 로고

생활 전반을 차지하고 있는 플라스틱을 전혀 사용하지 않을 수는 없어요. 그래서 세계는 대체 플라스틱 개발에 집중하고 있지요. 문제는 강이나 땅에 버려져도 빠르게 썩고 나쁜 물질이 나오지 않는 재료를 찾는 거랍니다. 이미 개발된 생분해성 플라스틱의 한계도 극복해야 하고요.

진행된 연구 성과를 살펴볼까요? 버려지는 음식물에서 재료를 찾았어요. 유통기한이 지난 우유, 신약 개발에 사용되었던 달걀, 오리 알 노른자, 커피와 두부 찌꺼기가 플라스틱이 된다고 하네요. 먼저 버려진 음식물에서 단백질이나 섬유질을 빼내는 작업을 해요. 그것을 치즈나 종이를 만들 때처럼 굳히면 접시나 그릇을 만들 수 있다고 해요.

또 게, 새우 껍데기도 재료가 된대요. 갑각류의 단단한 껍데기에 들어 있는 키틴 및 키토산 성분을 이용한다고 해요. 순수한 키틴은 화학반응을 거쳐 겔형 플라스틱으로 탄생해요. 이미 잘 썩는 재료라서 자연에서 빠르게 분해되고 미세 플라스틱이나 환경 호르몬 같은 오염물질도 없다고 해요. 여러분도 친환경 플라스틱 개발에 관심을 가져야 해요.

### TIP 플라스틱 분리수거 종류

플라스틱은 깨끗하게 세척해서 종류에 따라 잘 분류해서 버려야 해요. 플라스틱 제품을 사고 버릴 때에는 뒷면에 표시되어 있는 숫자를 확인해 봐야 해요. 다음의 표는 국제표준과 국내 표기 마크를 비교해 놓은 것이에요. 원료에 따라 1에서 7까지 숫자가 매겨져 있어요. 각 숫자에 따라 달라지는 배출 방법에 대해 알아볼까요?

| 국제표준 마크 | 1 PETE | 2 HDPE | 3 PVC | 4 LDPE | 5 PP | 6 PS | 7 OTHER |
|---|---|---|---|---|---|---|---|
| 국내 표기 마크 | 페트 | 플라스틱 HDPE | 플라스틱 PVC | 플라스틱 LDPE | 플라스틱 PP | 플라스틱 PS | 플라스틱 OTHER |
| 재활용 가능 여부 | 재활용 가능 | 재활용 가능 | 재활용 불가능 | 재활용 가능 | 재활용 가능 | 재활용 가능 | 재활용 가능 |

▲ 원료에 따라 총 7개로 분류되는 플라스틱 재활용 마크

### ① 1번(PETE/PET) - 분리배출

주로 생수병, 음료수병 등 투명한 용기에 사용되는 소재의 플라스틱이에요. 재활용이 되면 새로운 용기나 섬유 등으로 재탄생해요. 하지만 깨끗하다고 다른 용도로 사용할 경우 열과 세균에 약하기 때문에 일회용으로만 사용하고 분리배출 하세요.

### ② 2번(HDPE) - 분리배출

강하고 튼튼해 보이는 플라스틱으로 생수병 뚜껑, 세제통, 샴푸통, 장난감, 젓병 등에 활용해요. 화학약품이나 기후에 잘 견디고 열에도 강해요. 재활용 가치가 높으니 꼼꼼하게 분리하세요.

### ③ 3번(PVC) - 일반 쓰레기

열에 쉽게 모양이 변형되어 인조 가죽, 신용카드, 휴대전화 케이스처럼 부드럽고 말랑말랑한 플라스틱 제품을 만드는 데 많이 활용해요. 하지만 대부분 다른 소재와 혼합되어 있고, 열을 가하면 다이옥신 등의 유해물질이 발생하기 때문에 재활용이 안 돼요.

### ④ 4번(LDPE) - 분리배출이 가능하나 재활용이 어려워 일반 쓰레기

투명 비닐 봉투나 비닐장갑, 필름 포장지, 코팅지 등의 제품에 사용되어요. 너무 얇고 가벼워 오염되면 재활용이 어려워요. 깨끗이 씻었다면 분리배출, 그렇지 않다면 일반 쓰레기로 처리해요. 물론 가장 좋은 방법은 최대한 덜 쓰는 것이지요.

### ⑤ 5번(PP) - 분리배출

가볍고 열에 강한 플라스틱 소재라 고온에서 모양이 변형되지 않고 환경호르몬이 나오지 않아요. 보건용 마스크나 의료 장비에 사용될 만큼 안전성이 높아요. 주방 용품이나 배달 용기로 많이 사용되며 깨끗하게 사용한 후 분리배출 하세요.

### ⑥ 6번(PS) - 선별 분리배출

모양 성형이 쉽고 가벼워 요구르트병, 1회용 수저, 스티로폼, 바다 부표 등 다양하게 활용돼요. 하지만 열에 약하고, 녹는 과정에서 몸에 해로운 환경 호르몬이 배출되는 단점이 있어요. 잘게 부서지는 특성이 있어 미세 플라스틱의 주요 발생 원인이기도 해요. 깨끗하게 세척해 분리배출 하면 재활용이 가능하지만, 건강과 환경을 해칠 수 있는 만큼 사용 전에 마크를 확인하고 사용을 줄이는 것이 좋아요.

### ⑦ 7번(OTHER) - 선별 분리배출

다양한 종류의 플라스틱을 혼합해 만든 복합 플라스틱이에요. 즉석밥 용기나 치약 용기, 안경, 렌즈 등을 만들어요. 여러 소재가 섞여 있어 자활용 여부를 판단하기가 쉽지 않아요. 예를 들면 즉석밥 용기는 플라스트으로 분리배출 가능한 반면 내용물을 씻을 수 없는 치약 용기는 일반 쓰레기로 버려야 해요. 7번 마크가 있는 제품은 설명서를 읽거나 검색해 보고 버려야겠어요.

플라스틱 분리배출 가이드(출처: 환경부 Youtube)

## 봄이 사라졌어요

"효원아! 벌레 물린 데 바르는 약 꼭 챙겨."

"네! 지금 찾고 있어요."

안녕하세요. 거실이 소란스럽죠. 지금 저희 가족은 캠핑 준비를 하고 있어요. 오늘은 시원한 숲의 향기를 전해 드릴 수 있겠네요. 그리고 야영장에서 아빠가 만들어 주시는 카레 요리는 정말 기대가 돼요. 아빠가 텐트, 매트, 버너, 테이블 등 기본 장비들을 휴대용 수레에 싣고 계시네요. 저도 차에 옮기는 것 도우고 올게요. 하, 조금 움직였는데 땀이 줄줄 흐르네요. 4월인데 날씨가 왜 이렇게 덥죠? 벌써 여름처럼 한낮의 기온이 26도까지 올랐다고 해요. 기후위기 때문에 봄이 어디로 사라졌나 봐요.

어, 갑자기 가족 스마트폰에 재난 문자 알람이 동시에 울려요. 무슨 일이 있는 걸까요?

"어머, 은왕산에 산불 났대!"

문자를 확인한 엄마가 다급하게 얘기하시네요. 아빠도 긴급 출동 호출을 받으셨어요. 저희 아빠가 소방관이시거든요. 아빠는 바로 소방서로 출발하셨어요.

"엄마, 그럼 오늘 캠핑 못 가겠네요."

"글쎄, 도심 안에 있는 산에 불이 나서 걱정이다. 주말이라 등산객도 많을 텐데…"

엄마가 스마트폰으로 뉴스를 검색하면서 계속 확인하고 계세요. 지금 때아닌 폭염에 봄 가뭄도 심하고, 불이 계속 바람을 타고 번지고 있다고 해요. 헬기까지 총동원되었다고 해요. 누가 불을 낸 걸까요? 아빠 오시면 자세한 상황을 알 수 있겠죠. 아무래도 야영장 예약은 취소해야 할 것 같아요.

## 산불 방화범이 탄소라고요?

여러분 다행히 산불이 빠르게 진화되었어요. 불 끄느라 고생하신 아빠를 제가 안아 드렸어요. 아빠는 조금 늦었지만 캠핑을 떠나자고 하시네요. 다행히 아까 장비들을 차에 실어 두어서 바로 떠날 수 있었어요.

"아빠, 은왕산 산불 원인이 뭐여요. 누가 불을 낸 건가요?"

차에 타자마자 아빠한테 물었어요.

"아직 밝혀지진 않았는데, 올 봄에만 전국에 산불이 35건 발생했단다. 폭염과 가뭄이 산불과 관련 있다고 주장하는 기후 전문가들이 많아."

"기후위기가 범인이라고요?"

아빠는 온 나라의 크고 작은 산불과 남쪽 지방의 가뭄까지, 기후위기를 일으킨 탄소를 주범으로 보고 있어요.

"산불 현장에 가 보면 예전과는 다른 느낌을 받아. 점점 기후로 인한 산불이 늘어나고 있어. 탄소 배출을 줄이지 않으면 긴급 출동도 잦아질 거야!"

"걱정 마세요. 우리나라는 2050 탄소 중립을 선언했잖아요. 학교에서도 탄소 발자국 줄이는 활동을 하고 있고요."

학교에서 배운 내용이 생각나서 말했어요.

"그래, 탄소 발자국을 줄이려면 어떻게 해야 하는지도 잘 알고 있겠네?"

"그럼요, 재활용 분리수거 철저히 하고요. 안 쓰는 전기 플러그는 뽑고요. 급식으로 나온 음식물을 남기지 않아야 하고, 무엇보다 생활 속에서 실천하는 것이 중요하다고 했어요."

"오! 제법인데 그럼 스마트폰 사용은?"

"스마트폰은 왜요?"

"요즘은 디지털 탄소 발자국이 더 문제야! 스마트폰 사용으로 내뿜는 탄소 발자국이 비행기 운항할 때 나오는 탄소 발자국과 비슷하다고 하니까."

"스마트폰에서 연기가 나오는 것도 아니고 소처럼 방귀를 뀌지도 않는데요?"

"만약 효원이가 좋아하는 온라인 영상을 30분 동안 보면 1.6킬로그램, 이메일 한 통 보내는 데 4그램의 이산화탄소가 나온대. 가득 찬 이메일함, 스팸메일도 모두 탄소를 배출하는 거란다. 자료를 보관하려면 데이터 센터를 쉬지 않고 돌려야 하거든."

아빠의 말을 들으니 갑자기 정신이 멍해졌어요. 제가 탄소 발자국의 주범인 것 같았거든요. 사실 전 아침에 일어나서 잠자리에 들 때까지 하루 종일 스마트폰과 같이 생활하고 있거든요.

SNS에 올린 사진은 '좋아요'가 몇 개 달려 있나 궁금해서 계속 확인하고요. 문자나 카톡을 잠시라도 안 보면 불안해요. 그런데 매일 무심코 사용하던 스마트폰 터치가 디지털 탄소 발자국을 찍고 있었네요.

## 산 속 데이터 센터

앗! 벌써 야영장이 보이네요. 언니와 스마트폰으로 영화 한 편 보니까 야영장에 도착했어요. 엄마, 아빠는 예약한 자리에 텐트를 치고 있어요. 언니와 전 나무 테이블 위에 그릇과 음식들을 정리했어요. 아직 저녁 먹기에는 이른 시간이라 잠시 산책을 하기로 했어요.

나무들이 뿜어내는 피톤치드가 기분을 상쾌하게 해 줘요. 헉헉! 산길을 오르니 숨이 차지만요.

저 아래 숲속에 요새 같은 건물이 보여요. 어마어마하게 커요. 2층 높이 건물 3개 동이 다리로 연결되어 있고요. 들어가는 곳 외에는 산으로 둘러싸여 있어요. 마치 우주본부 같아요.

"아빠, 저 건물은 뭐하는 곳이에요?"

"데이터센터야. 인터넷에 연결된 모든 자료를 모아 두는 시설이지."

"데이터를 모아 둔다고요. 그럼 파일 저장소예요?"

"그런 셈이지. 효원이가 언니랑 여기 오는 동안 차 안에서 영화를 봤잖

아. 그 파일이 이곳에 저장되어 있다가 너희 스마트폰으로 전송된 거란다. 예를 들어 스마트폰으로 택배를 주문하면 물건을 보관하는 물류 센터에서 보내 주잖아. 그것처럼 아까 본 영상은 데이터센터에서 보내 준 거란다."

"아빠는 어떻게 잘 아세요?"

"지난 해 도심에 있는 데이터센터 화재 사건이 있었잖아. 카톡이 먹통되고 배달 앱도 멈춰서 혼란에 빠졌던 거 기억나지? 그때 진화하고 나서 보고서 쓰느라 공부 좀 했지."

"그런데 여기 데이터센터는 왜 산속에 있어요?"

"디지털 탄소 발자국을 줄여야 하니까."

"데이터센터가 산속에 있는 것과 탄소 발자국이 무슨 관련이 있어요?"

"당연히 있지! 디지털 자료를 보관하려면 서버 수십만 대가 24시간 쉬지 않고 돌아가야 하니까 열기를 엄청나게 뿜어낸단다. 산속 온도가 도시보다 낮으니 전기를 아낄 수 있지."

"전 클라우드에 자료들을 차곡차곡 모아 두고 있는데, 그러면 데이터센터에 계속 일을 시키고 있던 것이네요. 탄소를 만들게 하면서요."

아빠가 티끌모아 태산이라고 불필요하게 쌓여 있는 자료들을 지우고 영상을 자주 열지 않는 작은 실천이 온실가스를 줄이는 데 힘을 보태는 것이라고 말해 주었어요.

지난번에 엄마가 언니와 제가 스마트폰에 너무 빠져 있다고 휴대전화를 압수한 적이 있어요. 휴대전화가 없어서 가장 힘들었던 것은 친구들과 단체방에서 대화를 하지 못하는 거였어요. 모르는 게 있어도 바로 검색할 수 없어 불편했고요. 하루 종일 뭔가를 잃어버린 사람처럼 불안했거든요.

그런데 제가 습관적으로 스마트폰에서 영상을 보고 자료를 올리는 순간 데이터센터에서 탄소가 배출된다는 건 몰랐어요. 디지털 탄소 발자국이 온실가스가 되고 사라진 봄과 산불의 원인이 되고 있다는 것도 몰랐고요.

　아빠가 고기도 굽고 카레 요리도 해 주셔서 저녁을 맛있게 먹고 있어요. 아참, 휴식 중에 스마트폰으로 몇 년째 쌓여 있는 이메일함을 비웠어요. 그리고 우리 가족 바른 스마트폰 사용 규칙도 정했어요. 저녁 10시 이후에는 거실에 마련된 수거함에 스마트폰을 넣기로 했어요. 잠자리에서 사용하지 않기 위해서예요. 또, 식사 중이거나 대화할 때도 금지하기로 약속했어요. 습관적으로 사용하는 스마트폰 터치 시간을 조금이라도 줄여야 아빠가 출동할 일이 줄어들 테니까요.

## 디지털 탄소 발자국

탄소 발자국은 인간이나 동물이 지나간 길에 발자국을 남기는 것처럼 사람들이 생활 속에서 만들어 내는 온실가스 총량을 말해요. 우리가 사용하는 물건이나 에너지는 대부분 이산화탄소를 배출해요. 예를 들어 바나나는 생산지에서 비행기나 배를 타고 우리나라로 운송되죠. 그리고 다시 트럭에 실려 시장이나 마트로 옮겨지고 진열되어 우리 식탁에 오른답니다. 이처럼 상품의 이동 경로에서 나오는 탄소의 양을 합해서 탄소 발자국이라고

▲ 탄소 발자국 개념

해요.

  탄소 발자국은 제품의 원료에서부터 제품이 만들어지는 과정, 만드는 절차와 사용 후 버려지는 전 과정에서 나오는 이산화탄소($CO_2$)를 계산하여 수치로 나타냅니다. 탄소 발자극은 2006년 영국의회 과학기술처에서 처음 제안해 이산화탄소 줄이기 운동에 널리 사용되고 있어요.

  스마트폰 사용 인구가 늘어나면서 이산화탄소 배출은 더욱 증가하고 있어요. 스마트폰은 생산, 배송, 사용, 폐기되는 전 과정에서 온실가스를 배출하기 때문이에요. 전 세계 데이터센터들이 한 해 동안 사용하는 전기량이 영국 전체 소비량보다 같다고 해요. 이것은 전 세계가 내뿜는 총 온실가스 배출량의 약 2퍼센트에 해당하고요.

  이처럼 스마트폰을 프함한 디지털 기기를 사용할 때 발생하는 온실가스의 총량을 수치로 표현한 것을 디지털 탄소 발자국이라고 해요.

## 스마트폰을 사용할 때 탄소가 배출되는 이유

  우리나라 초등학교 4학년 이상 96퍼센트가 스마트폰을 사용한다고 해요. 대부분 게임과 메신저, 검색을 한다고 하지요. 이렇게 스마트폰을 사용하는 것만으로도 탄소가 배출된다고 하는데 왜 그럴까요?

  스마트폰으로 인터넷에 접속해 기사를 검색하면 글, 사진, 동영상이 나

▲ 데이터센터 내부

타나죠. 화면을 터치하는 순간 바로 데이터센터에서 저장된 자료를 보내 주기 때문이에요. 인터넷으로 거미줄처럼 연결된 세상에서 데이터센터는 디지털 자료의 중계소 역할을 한답니다. 그곳에 있는 수만 대의 서버가 24시간 쉬지 않고 돌아가며 자료를 처리하고 있지요.

문제는 데이터센터가 일하는 동안 어마어마한 전력이 필요하다는 것이에요. 대부분 화석연료를 태워 에너지로 사용하기 때문에 방대한 양의 탄소와 미세먼지가 배출되지요. 또 서버가 쉬지 않고 돌아가면서 나오는 열이 지구온난화에 영향을 미칠 뿐만 아니라 이때 발생하는 열을 식히는 데 또 많은 물과 전기를 써요.

전 세계 데이터센터가 사용하는 전기량은 원자력발전소 30개에서 생산하는 전기량과 맞먹어요. 2007년 이후 등장한 스마트폰 사용으로 디지털 탄소 발자국은 항공기가 운항할 때 뿜어내는 탄소 발자국의 양과 비슷한 온실가스를 배출하고 있지요. 특히 온라인 영상 시청이 데이터센터 에너지를 가장 많이 소비한다고 해요. 고화질 영상이 제공되면서 재생하는 데 더 많은 전기를 써야 하기 때문이러요.

## 온실가스와 이산화탄소

지구 곳곳에 대형 산불이 일어나고 폭우가 쏟아져 홍수와 산사태를 몰고 왔어요. 우리나라도 봄 가뭄에 크고 작은 산불이 연이어 발생했고요. 세계적 자연재해는 수많은 인명 피해와 경제적 손해를 입혔어요. 지구온난화의 영향 때문이지요. 지구온난화는 과도한 온실가스 배출이 원인이고요. 온실가스는 원래 땅 표면에서 우주로 발산하는 복사열을 흡수 또는 반사하여 지구를 따뜻하게 감싸는 중요한 기체예요. 인간이 살기에 적당한 온도를 유지시켜 주는 역할도 해요. 만약 온실가스가 없다면 지구 기온이 영하 18도까지 떨어져 사람이 살기에 너무 추운 곳이 될 거예요.

하지만 산업혁명 이후 화석연료를 사용하면서 온실가스는 스스로 지구를 감싸는 능력을 잃었어요. 주요 원인은 온실가스 종류 가운데 하나인 이산화탄소 때문이에요. 산업 현장과 일상생활 곳곳에서 이산화탄소가 필요 이상으로 배출되면서 지구의 기온을 급격하게 올리는 데 영향을 미쳤어요. 이산화탄소는 꼭 필요한 기체이지만 지금은 지구온난화의 주범으로 지목되고 있어요.

그래서 탄소 발자국 줄이기 운동을 하고 탄소중립 선언도 하게 되었지요. 탄소중립은 온실가스 배출을 최대한 줄이고 흡수, 제거해서 실제 배출량을 0으로 만드는 계획이에요.

## 자연을 활용하는 데이터센터

세계에서 유명한 IT 기업들이 데이터센터를 산이나 추운 곳에 짓고 있어요. 그 이유는 무엇일까요?

데이터센터에서는 서버가 24시간 돌아가야 하므로 엄청난 전기가 필요하고, 그때 생기는 열을 식히기 위해 어마어마한 양의 물도 필요해요. 전기와 물이 어마어마하게 필요한 데이터센터는 전기와 물을 먹는 하마로 지적되면서 새로운 환경오염원으로 등장했어요. 글로벌 IT 기업들은 전기 사용을 줄이거나 친환경 에너지로 바꾸어 탄소중립에 동참할 의무가 생겼어요. 그래서 온도가 낮은 지역에 건물을 지었어요. 열을 식히는 데 필요한 전기 사용을 줄이는 대안을 찾기 위해서죠.

▲ 네덜란드 노르트홀란트에 있는 데이터센터

　메타(페이스북)는 북극에서 100킬로미터 거리에 있는 스웨덴 룰레오에 데이터센터를 지었어요. 북극의 서늘한 바람으로 열을 식히고 수력과 풍력 등 재생 에너지로 가동한다고 해요.

　마이크로소프트사가 운영하는 나틱(Natick) 프로젝트는 데이터 서버를 강철 용기에 넣어 밀봉한 후 바다에 넣어 열을 식히는 실험입니다. 최종 상용화로 이어지진 않았지만 지상 데이터센터의 고장률과 비교하면 해저 센터가 더 효율적임을 밝혀 내는 성과를 냈어요.

글로벌 IT 기업들은 데이터센터를 유지하면서 발생하는 탄소 배출을 줄이고, 에너지를 효율적으로 이용하기 위해 자연환경을 활용하는 방법을 시도하고 있어요. 북극이나 해저 외에도 최근에는 우주, 사막에도 데이터센터를 조성하는 방안을 검토하면서 친환경 에너지 탐구를 향해 나아가고 있어요.

또한 풍력발전이나 태양광 에너지 등 친환경으로 생산된 전기를 사용하려는 기업도 늘고 있어요. 사막에 태양광 에너지를 이용한 데이터센터를 지은 기업도 있어요. 우리나라 IT 기업들도 이와 비슷한 노력을 하고 있어요. 네이버는 국내에서 기온이 낮은 강원도 춘천에 데이터센터를 지었어요. 세종시에 새로 지어지는 건물에는 빗물과 폐열(쓰고 난 열), 지열 등을 이용한 친환경 에너지 자원을 활용할 계획이라고 하네요.

## 디지털 탄소 다이어트가 필요해!

친구에게 이메일을 보내고 전화 통화를 하고 스트리밍으로 좋아하는 영상을 30분 정도 시청했다면, 가만히 앉아서 자동차로 6.3킬로미터를 운전한 것과 같은 양의 탄소를 배출한다고 해요.

이제 디지털 탄소 발자국을 줄이는 방법에 대해 알아볼까요?

먼저 메일함을 열어 보세요. 혹시 몇 년 동안 받은 메일이 고스란히 들어 있다면 데이터센터는 그것을 지키느라 쉬지 않고 돌아가고 있음을 기억하세요. 전 세계 이메일 이용자 23억 명이 각자 보관해 둔 이메일을 50개씩만 지워도 862만 5000GB(기가바이트)의 데이터 공간을 절약할 수 있다고 해요. 이것은 1시간 동안 27억 개의 전구를 끄는 효과와 같아요.

한 달이나 두 달에 하루를 이메일을 정리하는 날로 정해서 일정하게 삭제하면 좋겠어요. 참, 휴지통까지 깨끗하게 비우고 스팸 메일 차단도 꼭 해야 해요.

스마트폰이나 컴퓨터로 동영상을 보려면 스트리밍 방식보다는 다운로드를 이용할 것을 권해요. 영상을 보지 않을 때는 프로그램을 종료하고 시청 후 다음 영상이 이어지지 않게 자동재생 차단 기능을 설정하는 것도 중요해요.

화면의 밝기를 100퍼센트에서 70퍼센트로 낮추면 에너지 사용량을 20퍼센트 정도 줄일 수 있어요. 일정 시간이 지나면 모니터가 꺼지도록 절전 모드를 설정하세요. 고화질 화면보다 HD 해상도를 선택하는 것이 에너지가 훨씬 적게 든대요. 자주 들어가는 사이트는 북마크를 해 두면 불필요한 검색을 거치는 동안 소모되는 탄소를 줄일 수 있어요.

디지털 탄소 다이어트 어렵지 않죠.

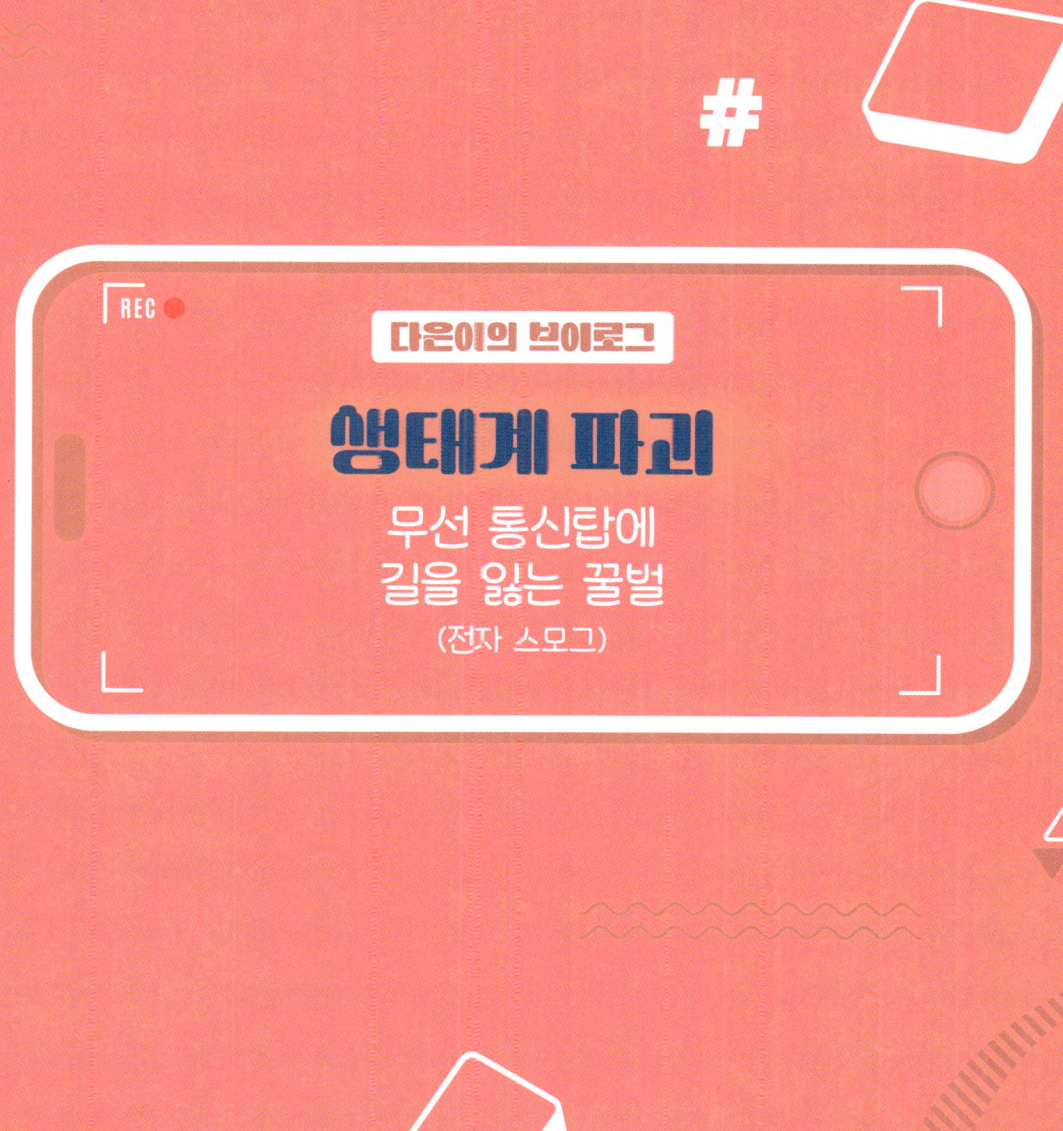

## 어린이기자단 취재하러 떠나요

안녕하세요! 오늘 특별히 알릴 소식이 생겼어요. 제가 초록어린이기자단 모집에 합격했거든요. 엄마 권유로 신청했는데 최종 선발자 명단에 들었어요.

"글쓰기 실력도 늘고, 취재 여행이나 캠프도 자주 간다더라. 시사 공부도 되고 일석삼조네."

엄마가 더 기뻐하시네요. 어쨌든 합격했으니 열심히 해야겠죠.

저, 드디어 취재 여행을 떠나요. 장소는 경북 산골마을 삼촌이 근무하는 꿀벌연구소예요. 어린이기자단 첫 기사 주제가 기후 환경이거든요. 주제를 고민 중이었는데 아빠가 삼촌이 근무하는 연구소에 가서 꿀벌을 취재해 보라고 하셨어요. 아빠도 마침 삼촌한테 전해 줄 게 있으니 함께 가면 좋겠다고 하시네요. 삼촌은 꿀벌 연구원이에요. 꿀벌의 개체수가 줄어들어서 산으로 옮겨 연구하고 계시거든요. 지난 봄에도 꿀을 채취할 때 도와 드렸는데 또 그곳으로 가게 되었어요.

"다은아, 준비물 잘 챙겼지. 자료 찾고 기사 써서 보내려면 노트북도 챙겨야겠네!"

"아! 맞다. 엄마, 지난번에 갔을 때 휴대전화가 잘 안 터져서 사진 전송

못했잖아요."

휴! 난감했던 기억이 떠올랐어요.

사람들이 자연에서 하는 일을 조사하는 사회 조별 과제가 있었어요. 마침 내가 시골에 가니 생생한 현장 사진을 찍어 보내겠다고 친구들에게 큰소리를 쳤어요. 그런데 낮에 찍은 사진을 전송하려니 스마트폰도, 노트북도 연결이 되지 않아 보낼 수 없었어요. 통신이 잘 안 된다는 걸 생각하지 못했어요.

꿀벌연구소에 가면 아빠, 엄마는 공기가 다르다, 푸른 산이 가슴을 시원하게 해 준다며 좋아하시지만, 저와 동생은 시큰둥해요. 스마트폰도 잘 안 되고 금방 심심하거든요. 이번에는 취재도 해야 하는데 통신 때문에 걱정이에요.

## 산 위에 우뚝 선 무선 통신탑

드디어 도착했어요. 두 시간쯤 자고 나니 벌써 산골마을이네요.

사방이 우뚝 솟은 산으로 둘러싸여 있어요. 꿀벌연구소는 해발 600미터 높이에 있어요. 삼촌은 원래 도시에 있는 농업연구소에서 벌을 연구

하고 있었는데, 미세먼지가 심해지자 벌을 위한 깨끗한 환경이 필요해졌어요. 그래서 공장 매연이나 자동차가 많이 없는 맑은 대기와 밀원(꽃)을 찾아 산골로 옮겨와 관찰 중이에요. 연구소 아래쪽에는 아카시나무와 유채꽃 밭이 있고, 위쪽에는 양봉장이 있어요. 꽃과 나무도 친환경 농약을 사용해 키워요. 꿀벌들이 강한 농약 때문에 준다는 연구 결과 때문이에요.

와! 바람에 실려 오는 아카시 꽃향기가 정말 상큼해요. 이것을 전달해 드릴 수 없어 안타깝네요. 저쪽에 밀짚모자를 쓰고 걸어오시는 분이 삼촌이에요.

"누나, 저기 보이는 저, 우주 비행체 '나로호'와 비슷하다."

정말, 산 정상에 못 보던 탑이 생겼네요. 굉장히 높은 철탑이에요. 동생은 저걸 보고 우주 센터를 떠올렸나 봐요.

"삼촌, 산 위에 저 탑은 뭐예요?"

"아, 저 철탑! 무선 통신탑이라는구나."

"와! 정말이에요. 이제 여기도 스마트폰이 잘 터지겠네요."

"글쎄, 통신은 잘 되겠지만 길 낸다고 나무를 얼마나 베어 버렸는지…."

삼촌은 무선 통신탑이 반갑지만은 않은 것 같아요. 하지만 산속에서 스마트폰을 쓸 수 있다니 정말 편리한 세상이죠.

"삼촌 저 어린이기자단에 뽑혔어요. 꿀벌과 환경으로 첫 기사를 쓰려고 해요."

"그래, 정다은 멋진데! 삼촌이 뭘 도와줄까?"

"일단 벌부터 관찰하고 싶어요. 양봉장으로 올라가야겠죠?"

"음, 그 차림으로 가면 안 되고, 잠깐 기다려 봐!"

삼촌이 망으로 된 모자 달린 방충복과 장갑을 준비해 주셨어요.

짠! 제 모습 어때요? 우주인 같죠. 이렇게 온몸을 보호하는 방충복을 입어야 벌들의 공격에 대비할 수 있어요. 벌침에 쏘이면 위험할 수 있거든요. 여기 일렬로 죽 늘어선 네모난 통 보이시죠. 이 안에 벌들이 집을 짓고 꿀을 모으는 벌집이 들어 있어요. 벌통에서 벌집을 하나 꺼냈어요. 어, 웬일이죠. 벌이 와글와글 붙어 있어야 하는데 몇 마리밖에 없어요.

다른 통들도 마찬가지예요. 삼촌 표정이 좋지 않으시네요.

"꽃으로 날아간 벌들이 돌아오지 않고 있어! 거의 실종이야!"

어떻게 하죠! 일벌 무리들이 날아가서 돌아오지 않는다고 해요. 죽은

사체도 없으니 사라진 것이 맞겠네요. 삼촌에게 이유를 물어보려고 하는데, 삼촌께서 농업연구소에 벌의 실종을 알려야 한다며 사무실로 가

셨어요.

전 스마트폰으로 '벌이 사라진 이유'를 검색해 봐야겠어요. 무선 통신 탑 덕분에 스마트폰이 빠르게 연결되네요. 잠시만요! 자료 찾아보고 다시 올게요.

## 꿀벌이 길을 잃은 원인은 무엇일까요?

스마트폰으로 조사한 결과가 궁금하시죠! 그런데 먼저 삼촌에게 원인을 들어본 다음 알려 드릴게요.

"삼촌! 왜 벌이 돌아오지 않는 거예요?"

"이거 큰일이구나! 작년에도 전국에서 벌이 70억 마리 이상 실종되었거든. 우리나라뿐 아니라 전 세계에서 벌 실종 사례가 늘고 있어. 원인을 찾기 위한 연구도 하고 있지. 전자파와 기후변화, 살충제, 밀원(꽃) 부족 등 몇 가지 원인을 제시하고 있어."

"그래서 삼촌이 산골에서 꿀벌을 키우시는 거 아니에요?"

"맞아! 내 생각에는 저 산에 있는 탑이 원인이 아닐까 싶다. 왜냐하면 밀원 부족은 해당되지 않을 것 같아. 여기 주변에 아카시나무가 엄청 많잖아. 더군다나 친환경 농약을 사용하고 있기 때문에 살충제 피해도 아닐 거고."

삼촌은 꿀벌 실종의 가장 유력한 원인으로 전자파 노출설을 생각하고

있는 것 같아요. 산 정상에 근래 설치된 무선 통신탑이 의심스럽다고 하시면서요.

"삼촌, 산 위 철탑이 왜요?"

"꿀벌은 몸 안에 자철석이 있어. 그래서 꽃을 찾아 멀리 가도 방향을 잡아 벌집으로 돌아올 수 있지. 그런데 스마트폰처럼 무선 통신 기기를 사용하면 전자기장이 사방에 흐르잖아. 그래서 꿀벌들이 길을 잃는 것이 아닐까 싶어. 꿀벌은 특히 전자파에 민감하거든."

"아! 아까 제가 스마트폰으로 검색해 봤는데 히말라야의 유명한 토종 꿀벌이 사라져 버렸다는 내용이 있었어요. 그곳 마을 사람들이 히말라야 산에 설치한 이동통신 기지국을 손으로 가리키고 있는 사진도 봤어요. 전자파가 벌들을 쫓아 버렸다고 하소연하는 인터뷰도 있었고요."

"그렇게 높은 히말라야까지 기지국이 설치되었나 보구나!"

삼촌이 걱정스런 눈빛으로 말씀하시네요.

여러분! 제가 꿀벌이 사라진 원인을 찾으려고 스마트폰을 사용했잖아요. 근처에 무선 통신탑이 있으니 쉽게 검색할 수 있었고요. 그런데 보이지 않는 전자파가 안개처럼 퍼져 꿀벌들이 다니는 길을 막고 있는 것이 아닐까요?

드디어 첫 기사를 완성했어요. 삼촌의 도움을 받았지만 제가 직접 취재하고 쓴 기사를 친구들이 읽고 꿀벌을 지키는 일에 관심을 가졌으면 좋겠어요.

| 기사 제목 | 산 위 무선 통신탑 근처에서 사라진 꿀벌! |
|---|---|

| 기사 내용 |
|---|

　경북 산골마을 해발 600미터에 있는 꿀벌연구소에서 키우던 벌들이 사라졌다.

　며칠 전 일벌 무리가 꿀을 따러 나간 뒤 돌아오지 않았다고 한다. 이 연구소를 취재한 결과 벌의 먹이가 되는 꽃은 친환경 농약으로 키우고 있었다. 따라서 살충제나 농약, 세균은 원인으로 보기 어렵다. 연구소에서는 최근 산 정상에 설치된 무선 통신탑에서 나오는 전자파 때문에 꿀벌들이 길을 잃어 돌아오지 못하는 것이 아닐까 의심하고 있다.

　사람들은 전국 방방곡곡 어디서나 스마트폰 사용이 가능한 생활을 원한다. 하지만 우리가 편리하게 사용하는 스마트폰이 꿀벌의 길을 방해하고 있는지도 모른다. 스마트폰을 사용할 때 고통받는 생물들이 있다는 것을 기억해야 한다.

　　　　　　　　　　　　　　－초록어린이기자단 13기 정다은 기자－

### 더 알아보아요

## 집으로 가는 길을 찾아 주세요

▲ 벌집 주위를 날아다니는 꿀벌 떼

　꿀벌은 다양한 식물의 번식을 도와주는 징검다리 역할을 하는 곤충이에요. 그런데 2006년부터 매년 많은 꿀벌이 사라지고 있어요. 우리나라는 물론 여러 나라에서 심각한 문제로 떠오르고 있어요. 각 나라별로 연구가 진행되고 있지만, 죽은 벌을 볼 수 없기 때문에 확실한 증거는 찾지 못하고 있어요. 현재까지 지구온난화, 살충제, 신종 바이러스, 전자파 등 여러 원인을 추측할 뿐이에요.

　그런데 독일 린다우 대학에서 전자파 노출 가설을 실험했어요. 결과는

놀랍게도 전자파에 노출된 벌집의 벌들이 원래 벌집으로 거의 돌아오지 않았어요. 벌은 배 아래쪽 부분에 자철석이 있어요. 죽은 벌을 물에 띄워 놓고 철가루를 뿌리면 밭에 달라붙는다고 하네요. 이 자철석이 세상에 퍼져 있는 여러 전자파를 감지한대요. 벌 더듬이는 안테나 역할을 하고요. 날개에 돋은 미세한 가시들은 전기가 통하는 물질로 꽉 차서 전자파를 받아들이게 되고요. 벌은 전자기장을 감지할 수 있어서 작은 로봇이라고 부른대요. 전자기장은 전기장과 자기장을 가리키는 말이에요. 전자파는 전자기장이 공간 속으로 나가는 것을 말해요.

세계 인구 절반 이상이 사용하는 스마트폰은 어디서나 편리하게 인터넷을 검색할 수 있어요. 하지만 기지국에서 나오는 전자파가 꿀벌이 집을 찾아갈 수 없게 만들었네요.

## 태양의 위치로 방향을 잡아요

꿀벌은 뛰어난 비행 능력을 가진 곤충이에요. 집을 벗어나 2킬로미터 이상 멀리 날아가고요. 길쭉한 혀로 꽃의 깊숙한 곳에 숨어 있는 꿀을 찾아내지요. 뱃속의 꿀주머니가 가득 찰 때까지 빨아올려요. 온몸에 묻은 꽃가루는 앞발로 뭉친 다음 뒷다리에 묻혀 이동하지요. 꿀주머니가 차면 혼자 배를 채우지 않고 곧장 집으로 날아와 기다리던 새끼 벌, 동료 벌과 함께

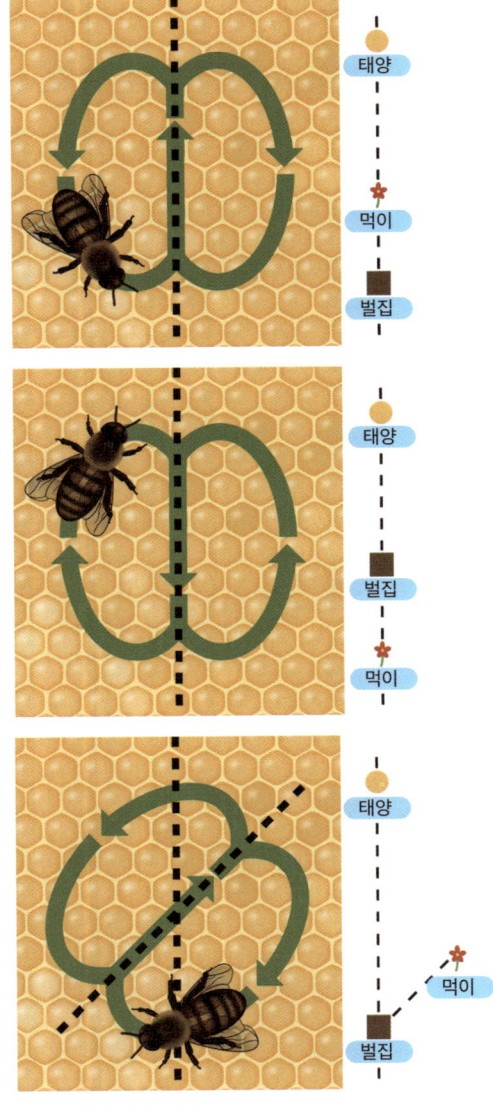

▲ 꿀벌의 의사소통

나누어요.

비행 나갔던 일벌이 꿀이 가득한 새로운 꽃밭을 발견하면 재빨리 집으로 돌아와 반가운 소식을 전한답니다. 엉덩이를 흔들며 원형과 8자 모양의 그림을 그려요. 다른 일벌들이 그 모양을 지켜보고요. 이 춤은 꿀벌들의 의사소통 방법이에요. 꿀벌의 8자 춤은 신비한 언어로 이 춤을 연구해 노벨상을 받기도 했어요. 꿀벌은 어떤 대화를 나눌까요?

태양의 위치를 기준 삼아 돌면서 꽃이 있는 방향각을 가리키는 것이래요. 엉덩이를 세게 흔들면 꽃이 가까이 있다는 뜻이고요. 천천히 흔들면 꽃이 멀리 있다는 신호래요. 벌들은 동료의 8자 춤을 보고 꽃의 위치를 학습한 뒤 함께 비행에 나서요. 처음 비행에 나선 일벌도 잠시 눈을 돌려 집의 특징을 기억해요. 그런 다음 태양의 위치를 감지하고 방향을 잡아요.

그렇게 날아간 꿀벌들이 돌아오지 않았어요. 벌통에 있던 여왕벌과 새끼 벌도 일벌을 기다리다 모두 죽어 버렸어요. 이런 현상을 '군집붕괴 현상'이라고 해요.

## 꿀벌 없는 지구는 위험해요

꿀벌이 지구에 등장한 것은 백악기(1억 4500만~6500만 년) 때예요. 지금은 약 2만 종이 넘는 벌들이 지구에 살고 있어요. 꿀벌은 수꽃에서 암꽃으로 꽃가루를 옮겨 식물이 번식할 수 있도록 하는 임무를 맡고 있지요. 옛날에는 벌, 나비, 새, 바람 등 자연이 식물을 수분하였어요. 20세기 중엽부터 인구가 늘어나자 농경지도 넓어졌어요. 이때 농가에 벌통을 설치해 작물의 수분을 매개해 주는 양봉이 발달했어요. 벌집에서 나간 벌은 꽃의 꿀을 따고 작물의 꽃가루를 옮겨 준 뒤 다시 벌통으로 돌아와요. 인간이 재배하는 약 1,500종의 작물 중 30퍼센트가 꿀벌에 의존해 번식한대요. 벌은 꽃가루를 옮겨 주는 대가로 꿀을 얻고요. 달콤한 꿀은 영양가도 높지만 다양한 음식과 음료, 의약품 및 화장품 원료로도 사용돼요.

꿀벌이 없으면 사과와 포도, 딸기와 토마토, 오이처럼 열매 맺는 과일과 채소는 식탁에서 사라지겠죠. 꽃이 없어도 되는 뿌리채소가 있다고요? 뿌리 식물은 땅속에서 자라요. 반면에 땅 위 식물은 줄어들겠지요. 풀마저 자라지 않는다면 소는 더 이상 먹이를 찾을 수 없고요. 그렇게 되면 소고기가 귀해지고 우유와 치즈, 결국 피자까지 먹을거리에 영향을 미쳐요. 자연의 모든 생태계는 서로 연결되어 균형을 유지하기 때문이에요.

벌의 실종으로 인류는 식량위기를 겪게 될 거래요. 2023년 미국 하버드 대학 연구 발표에 따르면 수분 매개 곤충이 크게 감소하여 전 세계 과일, 야채, 견과류 등의 생산량이 3~5퍼센트 감소했다고 해요. 생산량이 감소한 만큼 건강한 음식이 부족해지고 질병에 걸려 연간 42만 7,000명이 조기 사망한다고 해요.

## 세계 벌의 날을 아시나요?

5월 20일은 세계 벌의 날이에요.

유엔은 벌이 사라지는 원인을 찾는 한편, 생태계 연결 고리 출발점이 되는 벌의 가치를 알리기 위해 '세계 벌의 날(World Bee Day)'을 지정했어요. 벌이 사라지면 인류도 위험하다는 경고에 대한 답을 찾기 위해서죠. 사람과 환경에 유익한 벌의 가치를 알리기 위해 2015년 유엔총회에서 슬로베니아가 제안하고, 2017년 유엔층회에서 공식 제정되었어요. 이후 2018년부터 지켜오고 있지요. 슬로베니아는 인구 200명당 1명이 양봉업에 종사할 정도로 양봉의 나라예요. 국가 산업으로 벌을 키우는 나라답게 벌을 지키는 일에 앞장선 것이지요.

　5월 20일로 정한 것도 근대 양봉업의 선구자인 슬로베니아인 안톤 얀사(Anton Jansa)의 출생일에서 따온 것이라네요. '벌이 좋아하는 꽃 많이 심기 운동'을 벌여 벌의 가치를 지킨 인물이라고 해요. 우리나라도 2020년 양봉산업을 지원하는 법을 시행했어요. 산림청에서는 밀원 숲을 만들어 꿀벌 생태계 보존에 노력하고 있고요.

## 상상이 현실이 되는 5G 그런데!

　2020년 5세대 통신 5G 서비스가 시작되었어요. 5G 통신으로 우리는 상상이 현실이 되는 세상을 경험하고 있어요. 가상현실, 증강현실, 클라우드 게임 등 다양한 콘텐츠에 접근할 수 있어요. 5G는 기존 4G(LTE)보다 직진성이 강하고 장애물의 영향을 많이 받는 주파수래요. 그래서 기지국을 촘촘하게 세워야 한답니다. 따라서 기지국을 도심 가로수 사이, 아파트와 빌딩 옥상, 고속도로 주변과 전국 산에서 볼 수 있어요. 물론 시골 구석구석까지 5G 통신탑이 설치되어 있지요.

전국에 설치된 기지국 때문에 전자파의 영향을 받지 않는 곳이 없다고 할 정도예요. 빠르게 성장하는 통신 시장 뒤에 꿀벌 실종과 같은 동물 생존권과 인간의 건강권 문제가 가려져 있지요.

　우리는 높은 주파수를 사용해 데이터를 빠르게 주고받아요. 이때 나오는 전자파가 꿀벌 실종과 관련이 있다는 주장이 있어요. 이동통신 데이터 전송은 짧은 시간 동안 큰 진폭을 나타내는 전류가 나와 벌들의 자연스러운 의사소통을 방해한다고 해요. 그래서 인공 전자파가 방향 감각을 잃게 한다고 주장해요.

▲ 무선 통신 기지국

## 전자파는 안전할까요?

우리 주변에는 눈에 보이지 않지만 다양한 전자파가 있어요. 태양 빛도 전자파이고, 지구에서도 전자파가 발생해요. 아울러 휴대전화, 가전제품, 기지국(중계국), 전기선 등에서도 전자파가 나와요. 하루 종일 몸에 지니고 있거나 가까이 두는 스마트폰에서도 전자파가 나와요.

전자파가 지닌 에너지에 따라 세기와 주파수가 달라지며 인체에 미치는 영향도 달라요. 스마트폰에서 나오는 전자파는 주파수가 높지 않아 비교적 안전한 것으로 알려져 있지만 그래도 관련 연구는 이어지고 있어요.

2011년 세계보건기구(WHO) 산하 국제암연구소에서 휴대전화 전자파를 '발암 가능성이 있는 물질'인 2B로 분류했어요. 가솔린 엔진 배기가스, 납

▲ 휴대전화 전자파가 뇌에 미치는 영향

과 같은 등급이지요.

하지만 2024년 세계보건기구(WHO)는 휴대전화 전자파와 뇌질환 관련 연구를 검토, 분석한 결과, 전자파와 뇌 질환 사이에는 아무런 관계도 없다는 결과를 발표했어요.

또한 전자파 때문에, 초등학생이 휴대전화를 30~70시간 사용했을 때 산만해지거나 집중하지 못하는 과잉행동장애(ADHD)로 이어질 위험이 4.34배 높아진다는 연구도 있어요.

WHO는 앞으로도 휴대전화 전자파에 대한 연구를 깊이 있게 해야 한다고 제안했어요. 성장하는 어린이는 성인에 비해 전자파에 더 민감하다고 하니 사전에 주의하고 예방해야겠지요.

### TIP 전자파를 줄이는 휴대전화 사용법

① 성장기 어린이는 전자파 영향을 더 많이 받아요. 가능한 한 사용을 덜해 보세요.
② 통화할 때 귀에서 0.5밀리미터 정도 떼고 하면 전자파 흡수율이 약 50퍼센트 줄어든대요.
③ 통화는 짧을수록 좋아요.
④ 만약 대화가 길어지면 휴대전화를 오른쪽, 왼쪽으로 옮기며 통

화해요.

⑤ 휴대전화를 몸에서 30센티미터 정도 떼고 문자 메시지를 이용하면 전자파 흡수가 거의 없어요.

⑥ 이어폰 마이크를 사용하면 전자파를 아주 많이 줄일 수 있어요.

⑦ 지하실, 엘리베이터, 깊은 산속에서 안테나 수신 표시가 약하면 전자파가 더 많이 발생해요. 잠시 꺼 두세요.

⑧ 잠잘 때 머리맡에 두지 말고 멀리 치워 두세요.

⑨ 전자파 차단 제품 사용은 효과적이지 않다고 해요.

## 보리가 아파요

우리 집 강아지 보리가 동물병원에 입원해서 정말 속상해요. 다 제 탓이에요. 지난 달 새 스마트폰으로 바꾸고 스마트폰만 하느라 보리랑 잘 놀아 주지 않았거든요. 보리가 화가 났는지 게임을 할 때마다 스마트폰을 뺏으려고 했어요. 그래서 서랍 안에 들어 있던 폐스마트폰을 주었어요. 좋아하며 잘 가지고 놀더라고요. 장난감 인형은 거들떠 보지도 않고 스마트폰만 물고 놀았어요.

그런데 어제부터 보리가 조금 이상했어요. 제가 불러도 달려오지 않고 먹이도 잘 먹지 않더라고요. 급기야 토하고 설사까지 했어요. 놀라서 동물병원에 데려갔어요. 제발 별일 없어야 할 텐데 걱정하면서요. 진찰을 하신 수의사 선생님이 독성물질을 먹은 것 같다면서 인형이라든가 입에 자주 가져가는 물건이 있는지 물어보셨어요.

"아, 스마트폰을 좋아해서 안 쓰는 폰을 줬는데 그걸 가지고 며칠 놀았어요."

"폐스마트폰을 가지고 놀았다면 아마 전화기에서 흘러나온 중금속 진액을 먹었을 거예요. 그것이 복통을 일으켰을 거고."

"스마트폰 속에 있는 중금속을 먹었다고요?"

"스마트폰에는 카드뮴, 수은, 납 등 중금속 물질이 소량 들어 있어요. 특히 폐스마트폰에 조금 들어 있는 납을 보리가 삼켰다면 적은 양이어도 몸 안에 쌓였을 거예요."

수의사 선생님은 만약 보리가 폐스마트폰을 계속 가지고 놀았다면 지능장애도 올 수 있었다고 하셨어요. 스마트폰 사용이 늘면서 보리처럼 중독되어 병원을 찾는 동물이 종종 있다고 하시면서요. 보리는 위세척을 하고 내시경으로 위험 물질을 제거했어요. 수액 치료를 받으며 잠들어 있는 모습을 보니 미안하고 마음이 아파요.

## 전자 쓰레기 때문이라고요?

지금 보리랑 산책하러 나가요. 며칠 병원에 갇혀 있었다고 밖에 나가고 싶어해서 데리고 나왔어요. 보리가 신나서 달리는 바람에 리드줄이 늘어나 저도 함께 뛰었어요. 휴! 힘들어서 불렀더니 뒤돌아보고는 다시 달려요. 한참 달리던 보리가 갑자기 멈추더니 뭔가를 보고 심하게 짖네요.

길 한가운데에 뭐가 있네요. 저게 뭘까요? 가까이 가도 꼼짝하지 않아요. 앗! 새가 웅크리고 있어요. 이렇게 길에 있다가 다칠 수도 있어서 날

려 보내려고 했는데 움직이지도 못하네요. 어떻게 하면 좋을지 모르겠어요. 스마트폰으로 먼저 사진을 찍었어요. 그러고는 보리가 입원했던 동물병원 원장님께 전화를 드리고 도움을 구했어요. 원장님이 야생동물 구조 센터에 연락해 주셔서 직원분이 제가 있는 곳으로 오셨어요.

"잘 지키고 있었구나! 어디 보자 황조롱이구나."

"네? 황조롱이는 천연기념물로 지정된 새 아니에요?"

"그래 맞아! 잘 알고 있네?"

"제 꿈이 수의사거든요. 그래서 새나 동물에 관심이 많아요."

"검사해 봐야 알겠지만 탈진한 것 같은데…. 며칠 전에 비가 많이 내렸잖아, 아마 먹이를 구하지 못해 굶어서 그럴 거야."

야생동물 신고자는 센터에 함께 가도 된다고 하셔서 지금 따라가고 있어요.

야생동물 구조센터에 도착했어요. 구조되어 치료받고 있는 동물들이 많네요. 다리 다친 고라니와 머리를 싸맨 부엉이도 보여요. 검사를 끝낸 선생님이 황조롱이가 굶어서 힘도 없지만 중금속중독도 의심된다고 하셨어요.

"중금속이요! 새가 왜…."

"황조롱이는 땅에 사는 작은 설치류나 곤충을 잡아먹으니까 아마 중금속에 오염된 땅이나 지하수 때문일 것 같구나."

"제 강아지도 스마트폰 가지고 놀다가 중금속중독으로 입원했었어요."

"저 사진 속 수달도 지난 달에 치료받다가 결국 하늘 나라로 갔는데, 사인이 수은중독이었어. 그 옆 사진 속 개구리와 염소는 중금속 때문에 기

형으로 태어났고."

진료실 한쪽에 동물 사진이 쭉 걸려 있는데 대부분 건강하지 못한 모습이에요.

"그런데 땅이나 지하수에 왜 중금속이 있어요?"

"음, 그건 중금속이 들어 있는 쓰레기 때문인데, 예전에는 농약이 문제였다면 요즘은 전자 쓰레기가 더 심각해."

"전자 쓰레기요?"

"그래, 네가 지금 들고 있는 스마트폰 같은 전자 기기들을 재활용하지 않고 그냥 버리기 때문이지. 사람들이 버린 그 많은 폐스마트폰이 어디로 가겠니? 결국 땅에 묻거나 태우면서 땅도 하늘도 동물도 피해를 입는 거란다."

"선생님! 사실은 제 강아지가 가지고 놀던 폐스마트폰을 속상해서 종량제 봉투에 버렸거든요. 저 정말 모르고 그랬어요."

구조센터 선생님이 매년 버려지는 스마트폰이 우주에 닿을 정도인데 재활용되는 것은 고작 20퍼센트도 안 된다고 하셨어요. 대개는 저처럼 몰라서 그냥 버리거나 집에 방치해 두는 경우가 많다고 하시네요. 저희 집에도 사용하지 않는 스마트폰이 많은데 어떻게 버려야 할까요?

## 서랍 속 스마트폰 보내기

저 택배 보낼 준비를 하고 있어요. 어제 집에 오자마자 폐스마트폰 처리 방법을 검색해 봤거든요. 환경부와 협력해서 폐전자 제품을 수거하는 곳이 있더라고요. 직접 갖다 주거나 가까운 곳에 있는 기계에 넣는 방

법이 있어요. 저는 나눔으로 하려고 해요. 엄마한테 황조롱이 구한 이야기를 하면서 스마트폰은 꼭 재활용해야 한다고 설명해 드렸어요. 엄마가 서랍 속에 모아 둔 안 쓰는 전화기를 전부 꺼내 주시네요. 세상에! 이게 다 우리 집 서랍에서 나왔어요.

"우와! 이건 버튼 누르는 폰이네요. 대박!"

돌아가신 외할머니가 쓰시던 전화기도 아직 보관하고 있었네요. 엄마, 아빠 결혼하시기 전에 사용하던 것부터 최근까지 썼던 스마트폰까지 모두 열 개예요. 아직 형 방에 있는 것은 나오지도 않았어요.

"엄마! 온라인 접수하고 기부할 전화기를 포장해서 택배로 보내면 된대요."

"추억이 있는 전화기도 있고 버리기도 모호해서 그냥 모아 두었는데 이렇게나 많을 줄 몰랐네. 참, 한솔아 그냥 버리면 개인정보가 유출될 수 있다고 하던데 괜찮을까?"

엄마는 중고 사이트에 팔려고 하다가 개인정보가 있다 보니 안심할 수 없어 그냥 두었는데, 보내도 괜찮을지 불안하시대요.

"그건 걱정하지 않아도 돼요. 비영리단체에서 운영하는 수도권자원순환센터에서는 폐스마트폰이 들어오면 개인정보부터 파기한대요. 그런 다음 재사용과 재활용으로 나누고, 쓸 수 있는 것은 팔고, 팔아서 모은 수

익금은 좋은 일에 쓴다고 해요."

 이제 폐스마트폰을 포장한 상자를 보내러 우체국에 갑니다. 스마트폰 만들 때 필요한 광물을 캐기 위해 넓은 숲과 고릴라가 희생된다고 해요. 이렇게 재활용을 하면 폐스마트폰에서 얻은 광물을 다시 사용할 수 있으니 지구 자원이 절약되겠죠.

 또, 수익금은 초록우산어린이재단에 기부한다고 했으니 일석삼조네요. 아참, 우리 집 서랍도 깨끗해졌고 보리도 다 나았으니 일석오조인가요.

## 폐스마트폰의 재활용

스마트폰에는 희소 금속 20종을 포함해 60종류의 금속이 촘촘하게 들어 있어요. 희소 금속은 대부분 광산에서 캐낸 광석을 녹여 불순물을 없애고 얻어요. 콜탄, 희토류 등 희소 금속을 채취할 때 숲과 동물 등의 자연 훼손이 심각해요.

사용하지 않는 폐스마트폰이라고 해도 내부에는 이렇게 얻은 금속들이 그대로 들어 있어요. 재활용하면 다시 분류해 낼 수 있으니 폐스마트폰을 함부로 버리면 안 되겠죠.

하지만 전 세계에는 스마트폰이 160억 대 정도가 있어요. 그중 53억 대 정도가 1년 동안 버려지거나 방치되는 것으로 어림짐작하고 있어요. 제대로 버리면 금속을 분류해 재사용할 수 있으므로 자원을 아끼고 자연도 지킬 수 있어요. 그런데 실제 재활용되는 것은 20퍼센트가 안 된다고 해요. 대부분 추억 때문이거나 저장된 개인정보가 유출될 것을 염려해 집에 두는 경우가 많다고 해요.

그다음으로는 저개발국으로 실려 가서 폐기물로 쌓이거나 일반 쓰레기로 버려져 매립지나 소각장으로 간대요. 폐스마트폰 안에는 귀한 금속 외에 수은, 납, 플라스틱 등 유해 물질도 들어 있어요. 태우면 나오는 다이옥신은 암을 일으키는 성분으로 알려져 있어요. 땅에 묻히면 유해 물질이 토양으로 유출되어 토양이 오염도지요. 또한 귀한 자원도 버려지므로 폐스마트폰은 꼭 재활용할 수 있는 곳으로 보내야 하겠죠.

## 스마트폰을 그냥 버리면 중금속 오염의 위험이 있어요

스마트폰 부품 중 사람들에게 해를 입히는 금속은 다른 금속보다 무거워 중금속이라고 불러요. 중금속이 모두 피해를 입히는 것은 아니에요. 대표적으로 해를 입히는 중금속으로는 납, 수은, 카드뮴이 있어요. 광산에서 캐낸 광석을 녹일 때 중금속 입자들이 토양이나 물, 공기에 섞여 환경에 피해를 입히는 것을 중금속 오염이라고 해요.

스마트폰 회로 기판에 들어 있는 납은 대표적인 중금속 오염 물질이에

▲ 중금속으로 오염된 물

요. 납을 매립하거나 태우면 수질을 오염시키거나 다이옥신을 방출해요. 오염된 물을 마시거나 호흡기로 들어와 몸에 쌓이면 정신장애를 일으키기도 한대요. 납 외에 기판, 칩 등에 사용하는 브롬계 난연제, 카드뮴, 비소, 수은도 인체에 해로운 물질을 포함하고 있는 금속들이에요.

수은이나 카드뮴이 특히 무서운 이유는 몸에 흡수가 되면 몸속에서 밖으로 나오지 않고 계속 남아 있기 때문이에요. 이것을 '생물 농축'이라고 해요. 생태계 먹이 피라미드에서 위로 올라갈수록 오염물질이 몸속에 쌓이는 양이 많아지는 현상을 말해요. 당연히 인간이 가장 위에 있으니 제일 심각한 피해자가 되겠지요.

### 가난한 나라로 간 폐스마트폰

폐스마트폰을 모아 파기하고 분류해서 필요한 금속을 추출해 내는 과정은 까다로워요. 그래서 잘사는 나라에서 버린 폐스마트폰이 가난한 나라로 보내지고 있어요. 인건비가 싸서 처리 비용이 적게 든다는 이유 때문이에요. 국제단체가 유해한 폐기물을 국가끼리 거래하는 걸 막기 위해 '바젤 협약'을 체결했어요. 하지만 스마트폰을 포함한 전자 쓰레기는 '재활용'한다는 구실로 후진국으로 보내지고 있어요.

한편 중고로 팔리거나 버리는 폰을 모아 불법으로 거래되는 양도 많다고

▲ 폐스마트폰

해요. 이렇게 보내진 전자 쓰레기 더미에서 가난한 노동자들이 귀금속을 얻기 위해 일을 하고 있어요. 문제는 장비를 제대로 갖추지 않은 채 전자 기기를 태우거나 화학약품으로 광물을 얻는다는 거예요.

 특히 아이들이 안전 장비 하나 없이 돌과 망치로 전자 쓰레기를 부수고 있어요. 전자 쓰레기장 근처에 살거나 일하는 사람들은 중금속 오염 공기를 매일 마시고 있지요. 사용 후 남은 화학약품과 폐기물들은 강에 버려지고 나날이 쌓이고 있어요. 비라도 내리면 전자 쓰레기를 타고 흘러나온 물이 주변 하천과 강으로 흘러가요. 그렇다면 그곳에 사는 물고기들은 어떻게 될까요?

## 나눔폰 기부에 참여해 보세요

매년 4월 22일 지구의 날 행사로 환경 관련 단체에서 폐스마트폰 수거 캠페인을 벌이고 있어요. 각 지자체와 초·중·고에서 캠페인을 진행하지만 참여율이 높지 않아요. 대부분 귀찮거나 버리는 방법을 모르기 때문이래요. 또 스마트폰은 금속과 플라스틱이 섞여 있어 분리수거를 어떻게 해야 하는지 몰라 그냥 쓰레기봉투에 버리는 경우도 있고요. 회수나 재활용에 참여하는 사람은 많지 않아요.

정부에서는 한국전자제품자원순환공제조합의 나눔폰 서비스를 이용할 것을 권하고 있어요. 서랍 속에 폐스마트폰이 있다면 온라인으로 접수한 후 택배(착불)로 보내면 돼요. 모인 스마트폰은 먼저 저장된 정보를 안전하게 파쇄해요. 모든 폐스마트폰을 물리적 형태가 없을 때까지 파쇄하기 때문에 개인정보가 유출될 위험은 없다고 해요. 그런 다음 재사용과 재활용으로 분리 선별하고요. 희귀 금속 등은 자원으로 분류하고 유해 물질은 안전하게 처리한다고 해요.

주변의 가까운 곳에 있는 '민팃 ATM' 기계에 폐스마트폰을 넣어도 같은 방법으로 처리돼요. 재활용으로 추출한 희귀 금속 등에서 발생한 수익금은 어려운 이웃을 위한 지원 사업에 전액 쓰기로 해서 '나눔폰'이라고 한대요.

## 도시 광산이 뭘까요?

영국 플리머스 대학 연구원들은 스마트폰을 가루 내어 성분을 분석했어요. 폐스마트폰 1톤에서 400g의 금을 찾을 수 있다는 결론을 얻었지요. 광산에서 캐낸 금광석 1톤에 5g의 금이 있는 것에 비해 80배나 많은 양이에요. 물론 금 외에도 은, 구리, 니켈, 리튬도 있고, 코발트 등의 희소 금속도 들어 있어요.

폐스마트폰 등 버려진 전자 기기를 해체해 순수한 금속을 모으는 일을 '도시 광산'이라고 해요. 환경오염을 일으키는 광산 채굴 없이 도시에서 재활용을 통해 금속을 얻을 수 있어 친환경 산업으로 불리고 있지요.

2021년에 열린 2020 도쿄올림픽은 친환경 올림픽이라고 평가받고 있어요. 우승한 선수들이 목에 건 영광의 메달이 바로 도시 광산에서 얻은 금속으로 만들었기 때문이에요. 전 국민이 전자 제품 기부 캠페인에 참여해 폐스마트폰 약 621만 대, 폐전자 제품 약 7만 톤을 모았대요. 여기서 얻은 금속으로 금, 은, 동 메달을 만들었어요.

도시 광산은 자연 훼손 없이 희소 금속을 얻을 수 있어 경제성과 친환경적 가치를 두루 갖춘 미래에 유망한 산업 분야로 떠오르고 있어요.

## 스마트폰을 떨어뜨렸어요

학교에서 친구들과 축구하다 스마트폰을 떨어뜨렸어요. 이것 보세요. 화면 유리가 깨졌어요. 너무 속상하고 화가 나요. 엄마한테 30분 정도 늦겠다고 전화한 뒤 주머니에 넣고 뛰어가다 그랬어요. 두 달밖에 안 쓴 새 폰인데 엄청 혼날 것 같아요. 하아, 집으로 가는 발걸음이 무거워요.

"엄마…, 스마트폰 화면에 금 갔어요."

엄마에게 폰을 보여 드렸더니 역시 조심하지 않았다고 화를 내세요.

"최신 폰이라 튼튼할 줄 알았는데 떨어뜨리자마자 바로 깨져서 좀 억울해요. 그리고 두 달밖에 안 지났는데 무상 수리 되잖아요."

변명을 해보았지만 엄마 표정은 바뀌지 않았어요. 서비스 센터에 알아보니 고객 실수로 인한 고장은 본인 책임이라 수리 비용을 내야 한대요.

"웬 수리비가 이렇게 비싼지 몰라!"

"엄마, 그럼 할아버지한테 고쳐 달라고 하면 안 될까요?"

할아버지는 전자상가에서 오랫동안 수리점을 운영하셨어요. 지금은 서비스 센터에서 전자 제품 수리를 도맡아서 하기 때문에 일거리가 별로 없대요. 할아버지는 가전 제품이라면 뭐든 뚝딱 고치시는 황금 손인데 말이에요.

"개인이 고치거나 사설 수리스에 맡긴 흔적이 있으면 나중에 서비스를 못 받는다고 하던데."

"내 물건 내 맘대로 고치지도 못해요?"

엄마는 꼭 서비스 센터에서 수리해야 되는 규정이 있다고 하시면서 당분간 전에 쓰던 구형 전화기를 사용하라고 하세요. 휴, 전에 쓰던 전화기는 통화, 문자, 카메라 기능밖에 없는데…. 어쩌죠, 친구와 앱에서 만나 스마트폰 게임하기로 약속했는데….

## 기후위기가 만든 수리할 권리

희소식이 있어요. 전화기를 빨리 고쳐야 하는데 엄마가 계속 미루고 계시잖아요. 오늘 학교에서 재우한테 좋은 정보를 들었는데요. 재우도 며칠 전 학원 계단에서 스마트폰을 떨어뜨려 깨졌다며 속상해했거든요. 근데 말끔하게 고쳐서 들고 있더라고요. 부품을 사서 집에서 고쳤다고 해요.

"스마트폰 판매 회사 홈페이지에서 부품을 판다고?"

"그래, 우리 형이 주문해서 고쳐 줬어."

재우네 형은 전자공학을 공부하는 대학생인데 기계를 잘 고친다고 하더라고요. 재우가 준 정보가 사실이라면 저도 할아버지한테 고쳐 달라고 하면 될 것 같아요. 주말에 할아버지가 계신 전자상가에 가봐야겠어요.

지금 할아버지한테 가는 중이에요. 어, 전자상가 앞에 사람들이 모여 있어요. 방송국 카메라도 보이는데요. 무슨 일일까요? 가까이 가볼게요! 저희 할아버지와 전자상가 수리 기술자들이 모여 함께 인터뷰를 하고 계시네요. '버리지 않고 수리할 권리를 보장하라'고 하시면서요.

"고쳐 쓸 수 있는 전자 기기를 버리는 것은 낭비이기도 하지만 전자 쓰레기를 배출해 환경 문제도 일으키지요. 스스로 수리할 권리를 찾는 것

이 환경을 지키는 소비자의 권리입니다."

할아버지와 수리 기술자들이 모여 수리조합을 만들어 고쳐 쓰자 운동을 시작하셨대요. 첫 캠페인으로 수리할 권리를 알리려고 인터뷰하시는 거래요. 수리할 권리가 뭔지 잘 모르겠지만 환경과 관련이 있나 봐요.

참, 깨진 스마트폰을 보여 드려야 하는데 방송 때문에 어수선해서 깜박하고 있었네요.

"할아버지, 유찬이에요. 이 폰 좀 보세요. 딱 한 번 떨어뜨렸는데 이렇게 금이 갔어요."

"그래, 새 폰인데 속상하겠구나! 부품 구해서 갈아 끼우면 될 것 같은데…"

"정말이에요. 서비스 센터 안 가도 고칠 수 있다고요?"

"아까 인터뷰에서도 말했지만 수리할 권리가 법으로 정해지면 국내 폰 회사도 부품을 판매해야 하니까…"

"수리할 권리요, 그게 뭐예요?"

"지금까지는 고장 나거나 이렇게 화면이 깨지면 무조건 서비스 센터에 가야 했잖아. 또 오래 사용하고 싶어도 부품을 더 이상 만들지 않으니까 새 폰을 살 수밖에 없었고. 그게 소비자 권리 침해라는 거야. 그러니까 내 폰의 주인인 내가 수리할 선택권을 가지겠다는 거지."

"그럼, 자기 폰을 스스로 고치거나 사설 수리소에 맡겨도 된다는 거네요?"

"물론, 우리나라는 아직 법이 잘 갖춰져 있지는 않지만 유럽, 미국은 벌써 시행하고 있대. 유찬이 폰 판매 회사도 유럽이나 미국에 수출하니 그 법에 따라 몇 종류 부품을 판매하는 거고."

"그럼 수리 비용도 많이 줄일 수 있겠네요. 엄마가 비싸다고 안 고쳐 주셨거든요."

"비용도 싸게 할 수 있지만 더 중요한 것을 줄일 수 있어. 전자 쓰레기 말이야!"

"수리해서 쓰면 전자 쓰레기를 덜 버리겠네요?"

"그렇지. 사람들이 수리할 권리를 요구하기 시작한 것도 비용보다 결국은 기후위기 때문이니까!"

"기후위기 때문에 수리할 권리가 생겼다고요?"

"우리가 물건을 사는 소비자 입장에서 소유권을 지키는 일이기도 하지만 나는 환경적 관점에서 더 중요한 권리라고 생각한다. 그동안 수많은 전자 제품을 고칠 수 있는데도 새 모델로 바꾼다고 버리는 걸 지켜봤지. 스마트폰은 더 심한 편이었고. 그래서 내 일자리도 없어졌지만."

할아버지는 수리점이 문을 닫은 것보다 전자 쓰레기가 이산화탄소 배출, 자원 고갈, 환경오염 문제를 일으키는 것이 더 걱정이라고 하셨어요.

"할아버지 최고의 기술로 제 폰 고쳐 주실 거죠?"

"우리 수리조합 회원들이 기술 봉사를 하고 있거든. 환경 단체에서 운영하는 공유 센터에서 일하고 있으니 그곳에서 고쳐 보자."

## 할아버지의 재능 기부

지금 할아버지가 일하신다는 환경 단체를 찾아가고 있어요. 저기 3층 집 보이죠. '지구별 공유 센터.' 뭐하는 곳일까요? 물품 공유, 장소 공유, 재능 공유 방이 있어요. 뭔가를 나누는 곳인가 봐요. 안내해 주는 형을 따라 '재능 공유'라고 이름 붙은 방으로 가요. 우와, 공구가 다양하게 갖춰져 있네요. 정말 수리 센터 같아요. 저쪽 책상에 몇 사람이 앉아 뭔가를 고치고 있어요.

가까이 가 볼게요. 스마트폰을 열어 놓고 배터리를 갈아 넣고 있는데요. 할아버지가 차근차근 알려 주고 계시네요.

"할아버지. 이곳에서 무슨 일을 하세요?"

"잘 찾아왔구나! 공유 센터는 공구나 텐트 등 가끔 사용하는 물건을 적은 금액으로 빌려 주고, 고장 난 가전 제품은 직접 고쳐 쓸 수 있도록 교육하는 곳이야. 난 여기서 스마트폰 배터리 바꾸는 방법이나 소형 전자 제품을 수리하는 법을 가르치고 있어."

"그럼, 재능 기부 하시는 거예요?"

"그런 셈이지. 사람들이 더 이상 전자 제품을 고쳐 쓰지 않아 할 일이 줄었잖아. 그런데 수리할 권리로 버려지는 전자 기기들을 고쳐서 수명을

연장하면 나무 수만 그루를 심는 것과 같다고 해서 기꺼이 참여했지."

할아버지는 물건을 고치기 어렵게 만들거나 디자인을 바꾸어 새 제품을 사게 하는 기업도 책임이 있지만 무조건 새 제품만 찾는 소비자도 문제라고 하셨어요. 고쳐 쓰는 문화가 널리 유행하면 좋겠다고 하시면서요.

아! 드디어 깨진 제 스마트폰이 수술대에 누웠어요. 잘 고쳐서 새롭게 태어나 저랑 오래 함께했으면 좋겠어요.

**더 알아보아요**

## 서비스 센터 규정

　기술의 발달로 첨단 전자 제품이 개발되고 기업은 더 많은 물건을 팔기 위해 '고객 서비스 센터(customer service center)'를 열었어요. 제품을 팔고 난 후까지 책임진다는 전략으로 전문 엔지니어들이 상품 사용법을 알려 주거나 문제가 생겼을 때 수리는 물론 교환까지 해 주고 있어요. 서비스가 좋은 제품은 소비자들의 신뢰를 얻어 판매에도 영향을 미치게 되지요.

　그런데 기업에서는 스마트폰이 고장 나거나 파손되면 정해진 서비스 센터가 아닌 사설 수리 업체를 이용하지 못하게 했어요. 비전문가가 수리하면 정품을 사용할 수 없기 때문에 문제가 생길 수 있고, 기술이 빠져나가면 지식재산권이 침해될 수 있다는 이유에서였어요. 다른 선택권이 없는 소비자들은 서비스 센터 규정을 따라야 했지요.

　이 규정이 전자 폐기물 배출의 주범이라는 비판을 받게 되었어요. 스마트폰을 오래 사용하고 싶어도 부품이 없거나 수리비가 비싸서 새 제품으로 바꾸어야 했지요. 당연히 스마트폰 사용 기간이 짧아지면서 전자 폐기물이 쌓여 가는 원인이 되었고요. 전자 제품이 고장 났을 때 쉽게 수리받을 수 있게 하고, 최대한 오래 쓰게 하자는 목적으로 수리할 권리에 대한 법이 정해졌어요.

## 수리할 권리와 기후위기

수리할 권리는 전자 제품, 특히 스마트폰을 원하는 곳에서 자유롭게 고칠 수 있고 필요한 부품도 제공받을 수 있는 권리를 말해요. 지난 2020년 유럽의회는 수리권(right to repair)을 보장하는 법안을 통과시켰어요. 2021년 미국 정부는 소비자의 수리할 권리를 보장하는 행정명령을 내렸고요.

소비자 스스로 수리하거나 사설업체를 통해 수리하는 것을 전자 제품 회사가 막을 수 없게 법으로 정한 거지요. 그 동안 유명 스마트폰 회사들은 여러 이유를 들어 수리할 권리를 반대해 왔어요. 하지만 기후위기가 심각해지면서 수리권에 대한 공감이 커졌어요. 유럽연합 내 모든 스마트폰의 수명을 1년 연장하면 2030년까지 매년 210만 톤의 이산화탄소 배출량을

줄일 수 있다는 예측이 나왔죠. 수리할 권리에 대한 요구가 힘을 얻게 되었어요. 해외 기업들은 셀프 수리 키트를 만들어 부분 수리를 허용했고요. 우리나라에서도 몇 가지 모델의 '자가 수리 키트'를 판매하고 있어요.

아직은 자가 수리 키트로 소비자들이 모두 수리할 수는 없어요. 스마트폰은 아주 복잡한 구조로 되어 있거든요. 이음새 없이 매끈한 스마트폰은 쉽게 뜯을 수도 없고요.

하지만 기업이 제품을 만드는 전 과정에 걸쳐 수리할 권리를 반영한 법이 제정되고 있는 것을 보면 소비자의 수리할 권리도 점점 더 중요해지고 있다고 할 수 있어요. 새 제품을 사서 쓰고 버리는 소비 문화는 한계에 도달했고 이대로 가면 인류는 자원과 환경의 위기에 처할 수밖에 없을 테니까요.

## 국제 수리의 날

매년 10월 세 번째 토요일은 '국제 수리의 날'이에요. 지구에 전자 쓰레기가 쌓이는 문제에 대한 대안을 찾기 위해 오픈수리국제연맹(Open Repair Alliance)이라는 단체에서 2017년 지정했어요. 오픈수리연맹에서는 전기 및 전자 제품의 사용 기한을 늘리고 수리가 더 쉬운 세상을 만들기 위해 노력해요.

전 세계 수리 그룹과 연대해 표준수리법 데이터를 만들어 알리는 일을 하고 있고요. 기업이 제품을 수리하기 쉽게 설계하고 생산하도록 요구하는 캠페인을 열기도 해요. 독일, 미국, 네덜란드, 런던, 덴마크 등 각 나라의 비영리 수리 카페들이 참여하고 있어요.

네덜란드에서 시작된 수리 카페는 시민들이 저마다 고장 난 물건을 가져와 고칠 수 있도록 돕고 있어요. 소비자 수리권 보호와 함께 지역사회를 묶어 주는 공동체 역할을 하는 곳이죠.

무료로 수리를 가르쳐 주거나 안내 영상을 나누어 주고 지역사회 및 학교, 회사 등 단체를 대상으로 교육도 진행해요. 매년 수리의 날이 되면 전 세계에서 수리 및 재사용 관련 이벤트를 열고 모두를 위한 수리의 날을 공유하면서 전자 폐기물 줄이기에 동참하고 있어요.

## 친환경으로 가는 순환경제

전자 폐기물이 기후위기의 주요 원인이 되면서 스마트 기기 회사들도 탄소 중립에 대응하는 경영을 실천하고 있어요. 삼성은 후면 글라스와 케이스 전면에 해양 폐기물에서 추출한 재활용 플라스틱을 사용했어요. 애플은 재활용 로봇 '데이브'와 '데이지'가 폐스마트폰을 분해해 희토류 자석과 텅스텐, 철 등 가치 있는 핵심 원료를 회수하고 있고요. 구글은 오래된 부품을 새것으로 교체해 직접 조립할 수 있도록 혁신적인 설계 기법을 채택

했어요. 독일 보다폰은 아프리카 국가에서 매년 백만 개 이상의 스마트폰을 매입·수거하여 수리한 후 재활용해 판매한다고 해요.

   수명을 다한 물건을 재활용하거나 형태를 바꿔 새로운 가치를 창출하는 방식을 순환경제라고 해요. 천연자원을 절약하고 환경오염을 줄이기 위해 다양한 아이디어로 제품을 만들지요. 수리하여 재사용하거나 재활용하는 것을 넘어 다른 쓰임으로 만들어 내는 순환경제는 미래 산업으로 주목받고 있어요.

## 소비자 권리 보호

부모님과 스마트폰을 사기로 약속했나요? 어떤 제품을 사야 할지 조사하고 선택해 판매자에게 폰을 샀다면 구입한 사람을 소비자라고 해요. 소비자는 법에 의해 소비자 권리를 가지게 되어요. 우리나라는 '소비자기본법'에 8대 권리를 규정해 놓았어요.

8대 권리를 간략하게 설명하면 다음과 같아요.

① 위해로부터 보호받을 권리

② 정보를 제공받을 권리

③ 선택할 권리

④ 의견을 반영시킬 권리

⑤ 피해에 대하여 적절한 보상을 받을 권리

⑥ 소비자 교육을 받을 권리

⑦ 단체를 조직하고 활동할 수 있는 권리

⑧ 안전하고 쾌적한 환경에서 소비할 권리

스마트폰은 소비자가 일정한 금액을 주고 산 제품이기 때문에 온전히 주인으로써 소비자 권리를 갖게 되지요. 그래서 다음과 같은 권리를 요구할 수 있어요.

- 일정 기간 보증을 요청할 수 있는 권리
- 수리 방식과 업체를 선택할 권리
- 필요한 부품과 장비에 접근할 수 있는 권리
- 수리가 쉬운 제품을 선택할 권리

스마트폰 제조 회사는 판매 전략으로 고객을 위한 서비스에 최선을 다하고 있지요. 그래서 수리와 재활용 가능성, 소모품, 부속품 판매 기간을 늘려 달라는 소비자 요구를 들어줄 책임이 있어요. 디지털 시대 전자 기기 소비자는 빠르게 늘어나고 있어요. 환경과 소비자의 권리를 모두 보호해야 해요.

# 스마트폰으로
# 만나는 환경

**1판 1쇄 인쇄** 2025년 5월 26일
**1판 1쇄 발행** 2025년 6월 2일

**글** | 김미향  **그림** | 김학수
**펴낸이** 이종일 | **책임편집** 김수미 | **북디자인** design S
**펴낸곳** 버튼북스 | **등록번호** 제386-251002015000040호 | **등록일자** 2020년 4월 9일
**전화번호** 032-341-2144 | **팩스** 032-342-2144
**주소** 경기도 부천시 소삼로 38 휴안뷰 101동 602호

**ISBN** 979-11-87320-53-1   73450

* 책값은 뒤표지에 있습니다.
* 이 책 내용의 일부 또는 전부를 재사용하려면 반드시 버튼북스의 동의를 얻어야 합니다.
* 잘못 만들어진 책은 구입하신 서점에서 교환해 드립니다.

- 제조자명 : 버튼북스
- 주소 : 경기도 부천시 소삼로 38
- 전화번호 : 032-341-2144
- 제조연월 : 2025. 6. 2.
- 제조국명 : 대한민국
- 사용연령 : 8세 이상 어린이 제품

버튼아이는 버튼북스의 아동 브랜드입니다.

**사진 및 이미지 출처**
위키미디어 공용 61쪽
셔터스톡 18쪽, 19쪽, 21쪽, 36쪽, 38쪽, 39쪽, 41쪽, 42쪽, 43쪽, 56쪽, 58쪽, 60쪽, 63쪽, 78쪽, 80쪽, 83쪽, 98쪽, 100쪽, 104쪽, 105쪽, 121쪽, 123쪽, 139쪽